不埋没一本好书，不错过一个爱书人

女士藏书票

Ladies' Book-Plates

〔英〕诺娜·拉布谢尔 著
李江艳 译

商务印书馆
创于1897 The Commercial Press

Ladies' Book-plates by Norna Labouchere

London: George Bell & Sons, 1895

中译本译自乔治·贝尔父子出版社1895年版

涵芬楼文化　出品

序　言

关于藏书票领域的研究已经非常详尽了，如果再冒昧撰写一部以藏书票为主题的专论似乎显得有些多余。在当时，塔布里（Tabley）勋爵的《指南》作为“研究指南”来讲，几乎可以说后无来者。他指出的关于藏书票的区别和特点以及藏书票分类方法，对所有藏书票收藏家来说都是最有价值的研究成果。在此之后，埃杰顿·卡斯尔（Egerton Castle）先生的《英国藏书票》（*English Book-Plates*）和威廉·约翰·哈代（William John Hardy）先生的“关于书的书”（Book about Books）系列中的一卷也为这一主题的文献增添了出色的补充。《藏书票月刊》（*Ex-libris Journal*）在记录藏书票领域的新信息方面也很有用，这本杂志一直在试图挖掘关于藏书票领域的新信息，并且从旧图书馆里和一些意想不到的来源中获得了不少成果，这些新信息总是让收藏家们欢欣鼓舞。这本杂志还像是一个专题论坛，每一期的大部分版面都是对于纹章学中有争议问题的辩论、无名藏书票的鉴定以及类似的一些问题。

藏书票领域的研究范围今天还在不断扩大，但其中有一部分还没有引起人们的特别注意，也没有作为单列课题进行研究。或许目前还没有人认为女士藏书票是一个值得单独研究并且能出成果的课题，然而关于女士藏书票的研究素材其实足够丰富，完全可以写成一部专论。

400年来，藏书票的风尚有起有落，曾盛行一时，也陷入过衰落和沉寂，18世纪应该是藏书票最辉煌的时期。尽管目前藏书票艺术正在全面复兴，但不得不承认，现代藏书票在某些方面还欠缺水准。当然，这并不是由于现在的艺术家和设计师缺乏创造力和想象力，今天有不少优秀艺术家的水平可以说接席前辈而无愧。现代藏书票的问题在于照相制版术等所谓的现代工艺本身就不具备足够的艺术表现力，印刷成品的质量较差，甚至经常糟蹋一些艺术家的佳作。

我们可以看到，廉价已经成为人们的普遍呼声，追求经济性也是全社会的基本诉求，这样一来我们往往会更多地考虑成本，而对将艺术家的原作忠实地变成印刷品的工艺流程关注太少，完全谈不上再现原作，所以现在有许多采用所谓现代工艺印刷的藏书票效果都很差，远不及从前用木刻印版和铜版印刷的藏书票。

关于藏书票的风格问题一直都是一个争论不休的焦点，而且在今天，几乎每一种过去的藏书票样式都再次流行起来，所有新的想法和理念也都在现代作品中得到了体现，因此藏书票的风格实际上变得更加五花八门。当然，对于藏书票本身来说，最重要的无疑是其独有特征——可以作为依据清晰无误地确定藏书的所有权，然后才是关于装饰和审美的问题。在藏书票的辉煌时期，盾徽、纹章等标志极为普遍，而且和写得清清楚楚的人名一样，人们一眼就能看懂，这也是最简单的藏书票识别方式。但现在的情况大不一样了，如果纹章的使用被严格限制在纹章学的范围之内，那么只有现存官方纹章名录中纹章的所有人才可以使用，这个人数相对来说就太少了。没有纹章的名片藏书票一直以来备受轻视，无论是过去的还是现代的，无论是雕版印刷还是活字印刷，都难入收藏家的法眼，但尽管如此，这种类型的藏书票却得到了女士们的特别喜爱。而且现在各种名片藏书票的设计和制作都非常丰富，其中有的名片藏书票确实与现在那些昙花一现的文学作品更相称。一些大学、城市、机构和家族都有图书馆——代代相传的藏书放在代代相传的书架上——这些书可以很好地通过纹章或族徽来区分，但是要确定个人身份，还是要靠所谓的“图案化名字标识”来识别，图案表达所具有的自由度当然不是文字所能比拟的，因此图案化名字标识可以用无限多的不同方式来表达任何人的身份和品位。

本书是关于女士藏书票的一个小专论，旨在追溯女士藏书票的历史，介绍一些看起来值得特别关注的藏书票，我们会看到一些艺术价值很高的藏书票作品，也会了解一些藏书票主人的逸闻趣事。在许多知名收藏家的慷慨帮助下，本书草拟了一份关于女士藏书票的名录清单，这份名录清单肯定存在瑕疵，这也是这种类型的名录清单第一版难以避免的问题，但我们还是希望这份名录清单对喜欢女士藏书票的收藏家有所帮助。在描述女士藏书票的时候，如果没有专门注明纹章是放在盾牌或椭圆形边框内，那就代表纹章外面是一个简单的菱形。书中提到的藏书票上印着的文字都是已经准确识别的内容。

我必须向张伯伦小姐、T.W.卡森（T.W.Carson）神父、莱宁根-韦斯特堡伯爵卡尔·埃米希（Karl Emich Graf zu Leiningen-Westerburg）、埃利斯（Ellis）先生、汉密尔顿（Hamilton）先生、罗伯茨·布朗（Roberts Brown）先生、H.高夫（H.Gough）先生、格利森·怀特（Gleeson Whit）先生、卡尔顿·斯蒂特（Carlton Stitt）先生、C.W.舍伯恩（C.W.Sherborn）先生、阿姆斯特丹图书馆的默斯（Mynheer Moes）先生、杰拉尔德·庞森比（Gerald Ponsonby）阁下致以最诚挚的谢意，他们在我完成这本书的过程中给了我莫大的帮助；我还要感谢许多帮助过我的艺术家，由于人数太多，我无法一一列举他们的名字，他们慷慨地允许我在书中使用他们的设计作品；我还要感谢许多其他朋友，尤其是那些收藏珍贵铜版的收藏家，他们允许我使用铜版藏品来印制书中的插图；我还要感谢背后那些以才华、智慧和美貌闻名的高贵女性，正是她们留下了承载她们对书籍钟爱之情的精美优雅的个人记录。

诺娜·拉布谢尔

1895年10月，伦敦

目　录

Contents

第一章　17、18世纪英国有日期的女士藏书票　001

第二章　女性藏书家　032

第三章　无日期的女士藏书票　065

第四章　女性的纹章　131

第五章　当代设计师的女士藏书票作品　153

第六章　女性设计师　213

第七章　女士藏书票上的格言　253

第八章　外国女士藏书票　271

第九章　联名藏书票　320

精选女士藏书票　343

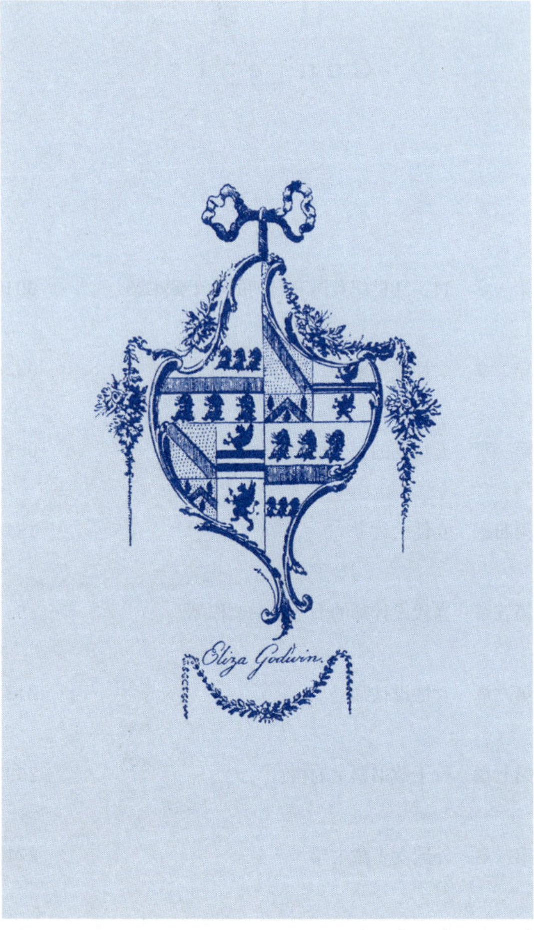

伊丽莎·戈德温（Eliza Godwin）女士的藏书票

辛格（Singer）夫人的藏书票

第一章
17、18世纪英国有日期的女士藏书票

藏书票大致可以分为名片藏书票和纹章藏书票两大类。名片藏书票不像纹章藏书票那样五花八门，但也值得我们关注。已知最早的英国女士藏书票的形式就是名片藏书票。这些名片藏书票大多是用比较粗大的字体印刷的，在18世纪出版的图书的序言和扉页上总是可以看到这样的字体；边缘通常有比较粗糙的木雕版画图案作为装饰，有些还写有格言或其他文字，如“上帝的旨意即吾辈之传承”“有借无还，恶人所为”等。通过观察大量这样的名片藏书票，我们可以发现一些相同的边框图案和题字被反复使用。考虑到这种雷同性，有人曾建议印刷商在藏书票上留白，然后根据藏书者各自的喜好和品位在上面填写姓名、日期、地址、题字等。许多18世纪的藏书票都有类似这样稍嫌啰唆的文字：

> 印刷这种高贵而神秘的艺术最早是由约翰·古腾堡（John Gutenberg）在德国美因茨发明和使用的，时间大约是1451年，后来由伦敦绸缎商人威廉·卡克斯顿（William Caxton）引入英格兰。1471年，在英格兰国王和威斯敏斯特修道院院长的支持下，威斯敏斯特修道院建立了英格兰第一个印刷厂并开始印刷图书。

这句话在稍作改动后（某些情况下将荣誉归于了约翰·古腾堡）会被印在名字周围的边缘或边框上，并加上剑桥或牛津的印记（克拉伦登印刷厂或剧院）。有一张藏书票正中间是姓名以及印刷时间和地点："玛莎·萨维尔（Martha Savill），剑桥大学，1767年6月25日印刷"（见第003页），外围是上面那段介绍印刷历史的文字，边缘是木雕版画的花纹图案。这种文字较多的藏书票与其他藏书票的主要区别是纸张的大小，通常有半张便笺那么大。与这张藏书票款式完全一样的例子还有不少，只是中间的姓名等部分不一样，如"玛莎·巴特利特（Martha Bartlett）

玛莎·萨维尔女士的藏书票，1767年

藏书，牛津大学，克拉伦登印刷厂1729年10月4日印刷”。又如，“安·赫特（Ann Hett），1761年4月10日”。从表面看，这些似乎都是真正的藏书票，但其是否真的起到了藏书票的作用却值得怀疑，因为我们在任何一个图书馆都找不到关于上面这些女士的线索，而且从这些藏书票本身的保存状况来看，并不像是夹在扉页里过了许多年的样子。安德鲁·图尔（Andrew Tuer）先生对此的解释是，这些藏书票可能是排字工人送给前来参观印刷厂的访客的纪念品，他们希望这样的小礼物能换来一点小费。这个解释应该是合理的，因为这也很好地解释了为什么这些藏书票上都标有具体的日期，甚至标明了几月几日。安特卫普的艾丽西亚（Alicia）夫人写过一首诗歌——《牛津大学的幽默》（*The Humours of Oxford*），其中就提到过印刷厂向访问者赠送藏书票的风尚。从我们找到的这种藏书票上的日期来看，这种风尚至少从1720年延续到了1770年，也就是说至少风行了半个世纪。

在泰晤士河结冰时印制的那些藏书票也体现了同

样的想法，1814年1月在伦敦桥举办的一场展览会也是如此。我们偶尔可以见到这些罕见的入场券，其中一张上面印着几句诗：

伴随着泰晤士河上展现的艺术，
为了讲述今年泰晤士河的冰封奇观，
在这张票券醒目的中间位置，
是这冰雪美景和您尊贵的名字。

与这些精雕细琢的雕版印刷品形成鲜明对比的是简单明了的名片藏书票，这种藏书票的风格朴实无华。例如，都柏林产科医院宣传册里的藏书票，使用的是普通字体，看起来平淡无奇，文字占据了几乎整个页面，这是真正的18世纪的名片藏书票风格。藏书票上介绍了持有行医执照的医师的情况，还简单介绍了著名的都柏林圆形大厅，都柏林产科医院和都柏林市政厅就位于圆形大厅里。这本宣传册包含丰富的插图，里面还夹着一张招待券的复印件。

那个时期，带有图画的藏书票还非常少见，但在杰拉尔德·庞森比先生的收藏品中，我们看到了一个奇特的例子，上面的图画很有历史感。这张藏书票写着主人的名字，是一位名叫乔安娜·休伊什（Johanna Huish）的女士，虽然上面没有注明日期，但可以看出年份很早。从这位女士对藏书票装饰的选择来看，她一定是一位十分虔诚的基督徒。藏书票的边框由六幅木雕版画组成，描绘的都是《圣经》的主题，包括圣诞颂歌和天使，但是这些天使画得特别拙劣难看，与一些常见的廉价《圣经》图画惊人的相似。当时，许多城镇和村庄的街道上都有小贩叫卖这些廉价、难看的图画："黑白的一便士一张，彩色的两便士一张。"从这张藏书票的时代，我们可以追溯到带有图画和寓意的藏书票风格的逐渐形成。皮质藏书票通常都不那么吸引人，无论上面有没有具体日期。皮质藏书票通常出现在精装本图书里，但除了姓名和偶尔标注的日期之外，几乎看不到任何其他内容。当一本装订好的图书准备送人时，通常会附有一张写有赠书人和受赠人姓名的藏书票，如"赠给安娜·泰森，真诚的朋友E.托马斯敬赠，并致以最美好的祝愿”。带有家族纹章的皮质藏书票似乎从来没有受到过太大的欢迎，可能是因为材质太厚，和一张纸放在书里面的效果太不一样了。安娜·萨顿·厄尔（Anna Sutton Earle）女士有一张藏书票，是皮质藏书票的典型代表，这张红色摩洛哥皮革的藏书票上用图章印着她的名字，日期是1779年。

我们今天能看到的许多藏书票都应该归功于不同时期人们的慷慨馈赠和遗产。受赠人为了纪念赠书人的慷慨，常常会制作带有文字说明的纪念藏书票。菲利帕·布拉格（Philippa Bragg）女士1634年的藏书票是年份最早的这种遗赠纪念藏书票之一。最早的带有纹章的女士藏书票也源于这样的方式，如1671年巴斯伯爵夫人的遗赠纪念藏书票。巴斯伯爵夫人名叫蕾切尔·费恩（Rachel Fane），是威斯特摩兰伯爵弗朗西斯·费恩的女儿，嫁给了第五代巴斯伯爵亨利·布希耶（Henry Bouchier），巴斯伯爵1654年去世。在巴斯伯爵夫人的遗赠纪念藏书票上，我们可以看到代表她身份的是一个盾徽，而不是通常表示遗孀身份的菱形图案。有人认为纹章始于原始时代，甚至可以追溯到“亚当耕田，夏娃织布”的远古时期，代表男性和女性的图案形状正是来自他们所做的事情——盾形图案代表男人耕地的铲子，菱形图案代表女人织布的纺锤。不过这应该只是一种猜测，盾牌显然主要是代表用于战斗的防具，而菱形图案更有可能是代表悬挂在旗杆上的倾斜的三角形旗帜。盾牌刚硬的形状很适合作为男性家族的纹章，菱形优美的线条做女性家族的标志也非常合适。巴斯伯爵夫人的遗赠纪念藏书票没有用菱形图案来表示自己的身份，而是用了一个盾徽，上面有一顶王冠，旁边有一条长长的丝带，代表拱卫这个家族的支持者，上面还写着四句格言。这张藏书票没有着色，是黑白藏书票。这样的藏书票能流传至今自然是一件幸事，但遗憾的是巴斯伯爵夫人遗赠的图书我们已经无法找到了，不过从这张大得出奇的藏书票来看，这些图书应该大都是四开本或对开本的大书。

纹章藏书票是一个更广泛的主题。男士藏书票和女士藏书票通常只能通过藏书票上的名字来区分。对于丈夫和妻子来说，同一个印版常常同时属于两个人，先署其中一个人的名字，根据可能需要的数量完成印刷，然后修改印版，换掉上面的名字，再印刷另一个人的藏书票。通过对其中一些印版的仔细检视，可以确定首先刻的通常是妻子的名字，因为她所需要的藏书票数量可能较少一些，然后这个铜版会被改成丈夫的名字继续使用，直至报废。博福特（Beaufort）公爵和公爵夫人的精美藏书票很好地印证了这一点。公爵夫人的藏书票确实非常罕见，现存的只有两三份。我们可以看到，除了名字以外，博福特公爵和公爵夫人的藏书票一模一样，上面的年份也都是1706年，但公爵夫人的藏书票明显比公爵的更清晰，纹理也更明显，说明这块印版先印刷的是她的藏书票（见第010页）。鲁斯（Roos）勋爵和夫人的藏书票也是这样。

由于女士藏书票数量不多，按照地位阶级或不同的样式来对女士藏书票进行分类很不容易。所以每个收藏家可能都会按照自己喜欢的方式来分类，但在某种程度上，大多数人都会遵循塔布里勋爵提出的按设计风格分类的方式。这种方式或许不够完美，但已经

博福特公爵夫人的藏书票，1706年

是我们现在能找到的最好的分类方式了。当然，对刚刚接触藏书票的人来说，听到一张1735年的藏书票属于所谓的“詹姆斯一世时期风格”肯定会感到困惑，但我们只需要记住，这个词是指后斯图亚特王朝时期流行的装饰风格就行了。带有詹姆斯一世时期风格的藏书票通常都与那种以家具大师齐彭代尔（Thomas Chippendale）为代表的更清新、更梦幻的风格迥然不同，齐彭代尔风格的藏书票一般都有一些比较深和粗的线条，鱼鳞形图案、贝壳形图案和盾徽上的阴影线条都很常见。齐彭代尔的菱形图案上优美的线条让人感到非常优雅，这种菱形的布局也为整个藏书票提供了充足的创作空间，可以很容易地在上面表现大量的四分法图案，同时用路易十五时期那种怒放的鲜花图案代替了传统的边框装饰。从时尚的角度来看，简而言之，詹姆斯一世时期风格属于路易十四时期的装饰风格，齐彭代尔风格属于路易十五时期的装饰风格，花环和丝带属于路易十六时期的装饰风格。尽管我们希望在未来的某个时候，会有人提出一种更简单也更有说服力的藏书票分类方法，但从目前来看，“詹姆斯一世时期风格”和“齐彭代尔风格”这样的说法对所有藏书票收藏者来说已经太熟悉了，而且这些术语也能非常恰当地向收藏者表达出一张藏书票最显著的特征，因此完全放弃塔布里勋爵的理念恐怕还需要很长时间。

我们从安娜·玛格丽塔·梅森（Anna Margaretta Mason）女爵士的藏书中可以找到一个詹姆斯一世时期风格的女性纹章藏书票的典型例子。她是理查德·梅森（Richard Mason）爵士的遗孀，她的父亲是威尔特郡的詹姆斯·朗（James Long）爵士。这是一张标注时间为1701年的藏书票，中间是非常清楚的菱形图案，背景是鱼鳞形图案，周围是曲线和螺旋形图案，这些都体现了那个时期藏书票的典型风格。铭文写在一个稍作装饰的文字框之内，这种文字框也代表了当时的一种独特风格。这些元素组合在一起，呈现出一种非常美观大方的效果，令人印象深刻（见第013页）。还有其他两张年份稍晚一些的詹姆斯一世时期风格的女士藏书票，分别是玛格丽特·马辛贝德（Margret Massingberd）夫人1704年的和亨利埃

安娜·玛格丽塔·梅森女爵士的藏书票，1701年

塔·萨默塞特（Henrietta Somerset）女士1712年的，构图和边框与安娜·玛格丽塔·梅森女爵士的几乎一模一样，只是细节方面有些小小的改动，最明显的共同特征是这些藏书票中间都是标准的菱形图案。亨利埃塔·萨默塞特女士是伍斯特侯爵查尔斯（Charles, Marquis of Worcester）的小女儿，伍斯特侯爵查尔斯是博福特公爵的长子，也是一位学识渊博的贵族。亨利埃塔·萨默塞特女士出生于1690年，23岁时嫁给了格拉夫顿（Grafton）公爵，她的纹章是一个纵横分成四部分的盾牌，上面是银白色和天蓝色，分别代表夫妇二人的祖国英格兰和法国。

1766年奥古斯塔·安娜·布里奇斯（Augusta Anna Bridges）的藏书票很好地展示了齐彭代尔风格。我们注意到这张藏书票上菱形的两边不再完全平行，而且其周围的鲜花、藤枝等方面进一步显示出了很不一样的风格特征。

我们可以看到许多非常精美的早期的纹章藏书票，它们没有专门的术语称谓，大家通常把它们粗略地归为詹姆斯一世时期风格，这显然不尽如人意。这是一种误导，因为这些藏书票并不具备詹姆斯一世时期风格的主要特征，它们就是单纯的纹章。在许多例子中，我们看到的图案都十分朴素，没有任何借鉴而来的装饰。从头盔上一直垂下来的厚重的斗篷围绕着一个盾牌就是其主要内容，看不到后来的纹章藏书票中大量的鲜花、树叶、藤枝、丝带等装饰元素。或许这样的图案不会让人留下特别深刻的印象，而且这种特殊的风格在男性纹章中的影响远远大于女性纹章，因为斗篷的使用仅限于戴头盔的骑士。从这方面来看，女性的纹章更像神职人员的纹章或学院和社团的徽章，这些纹章和徽章都有使用树叶等植物图案作为装饰的传统。

早期的这种纹章藏书票都是收藏家们最珍视的精品，上面有大量大胆而充满设计之美的曲线、精心绘制的图案、简洁的盾徽，这些元素无不展示出特别吸引人的美感。然而现在已经很难买到这样的艺术品了，就算有人出很高的价钱，恐怕也要等很久才能碰运气得到一件精品。尽管如此，我们仍然有机会从一些古老的、被忽视的图书馆里获得一些新的惊喜。就在不久前，人们在图书馆的旧书里找到了一枚最令人惊喜的藏书票。这张属于彭斯赫斯特的玛格丽特·康布里奇（Margaret Combridge）夫人的藏书票长18.25英寸、宽11.5英寸，人们都认为这是英国尺寸最大的藏书票。票面中间是一件精美的披风从一个头盔上垂落下来，那是典型的英国早期风格的叶状披风，下端垂着一些神职人员身上的流苏，图案非常漂亮。从图案中可以看到四只天鹅和十字架的徽章，盾牌上是留白的，头盔上方也有一个天鹅图案的徽章，整个图案都是黑白的。文字部分写的是“肯特郡彭斯赫斯特的玛格丽特·康布里奇夫人藏书。牛津大学学者约翰·索普（John Thorpe）先生敬赠，1701年”。这张藏书票的捐赠人是约翰·索普先生的长子，一位杰出的医生和博学的古董专家，他的夫人安妮是彭斯赫斯特纽豪斯的奥利弗·康布里奇的妹妹和共同继承人，索普医生生于1681年，卒于1745年。

男士藏书票和女士藏书票上都很常见的形状还有椭圆形，主要用于两个盾徽并排放置或一个依附着另一个的时候。随着花环和丝带的风格在18世纪晚期的藏书票上大行其道，椭圆形图案也变得十分流行。当时女性佩戴的吊坠通常用珍珠镶嵌，垂在一个丝带结上，这种风格特别适合女士藏书票。

我们看到的许多藏书票上只有图案，没有文字。在欧洲封建时代，一个人的家族纹章具有和他的姓氏同样的意义，甚至比他的姓氏更出名，因此有纹章再写姓氏会显得重复。早期的藏书票常常遵循这一习俗，大多数可以识别的印有纹章而没有姓名的藏书票所代表的藏书基本上都属于一个家族的首领，就像早期的图书馆一样，会被当作遗产由长子继承，因为他是新的一家之主。这种很正式的习俗沿袭了相当长的一段时间，完全不像我们今天收集和转手图书那么简单和频繁。在极少数情况下，这种藏书票上的纹章也会代表某位女士的家族，但在当时的背景下肯定是很罕见的，因为人们会理所当然地认为一个家族的图书馆和图书都属于某位男性，这些书都是由他以长子身份继承并独享的财产。

在某些人看来，标明日期的藏书票的重要性和意义被过于夸大了。在很多年前，藏书票的收藏者还非常少，对这门学科的研究尚处于起步阶段时，要想确定一张藏书票的风格属于哪个特定时期，唯一的决定性证据就是上面的日期，因此标明日期的藏书票特别受人关注，自然也很值钱。现在则不太一样了，许多收藏家和学者锲而不舍的研究已经为我们指明了一些确定藏书票年份的更简单的方法，只要加以学习，即使是最业余的爱好者也能通过文字、印刷、纸张等判断出藏书票的年份，而且可以精确到几年之内。

英国已知年份最早的女士藏书票是1608年伊丽莎白·品达（Elizabeth Pindar）的藏书票，上面写着格言："上帝的旨意即吾辈之传承。"这张珍贵的藏书票是在一位名叫约翰·巴格福特（John Bagford）的收藏者的一大堆零零散散的收藏品里找到的。约翰·巴格福特是一个偏执而狂热的人，他出生于1650年，少年时开始做鞋匠的学徒，但他对知识的渴望太过强烈，于是离开了他的行业，在德国、荷兰和比利时四处游荡。他希望编写一部关于印刷的著作，于是开始四处搜集素材，然而他的方式可谓不择手段，这本书也注定不可能出版。人们骂他是"撕书癖"和

“毁书人”，对他充满了厌恶和恨意，因为他撕下了许多书中的扉页、版画和装饰页作为自己的收藏品，其中不少都来自珍本图书。大约有两万本图书都被他损毁，这样大规模的破坏导致许多珍贵的图书变成了残本，这不免让人感到痛心。

17世纪的英国没有太多注明年份的藏书票，但从18世纪初开始，我们就可以看到大量有年份的藏书票了，1702年朗格维尔子爵夫人芭芭拉（Barbara, Viscountess Longueville）的藏书票就是其中之一。芭芭拉是莱科克的绅士约翰·塔尔伯特（John Talbot）阁下的女儿，嫁给了亨利·耶尔弗顿（Henry Yelverton）爵士，亨利·耶尔弗顿爵士在1690年被册封为子爵。这个贵族家族有着悠久的历史，身世显赫，根据世袭权力，他们可以在英格兰国王的加冕典礼上佩戴金马刺。

这一时期另一个值得注意的例子是南安普顿公爵夫人安（Ann, Duchess of Southampton）的藏书票。这张藏书票上有一个精美的纹章，包括盾牌、冠冕和头盔，与南安普顿公爵的纹章一模一样。盾徽纵横分为四个部分，第一部分和斜对的第四部分更重要一些，分别代表英格兰和法国，第二部分和第三部分则代表苏格兰和爱尔兰，上面还有一个权杖。这个家族的祖先是芭芭拉·维利尔斯（Barbara Villiers），曾被英格兰国王查理二世册封为克利夫兰女公爵和南安普顿女伯爵，后来芭芭拉·维利尔斯的儿子继承爵位，成了第一代南安普顿公爵，他的第二位夫人就是莱斯特郡米斯特顿的威廉·普尔特尼（William Pulteney）爵士的女儿安。这张精美的藏书票注明的年份是1704年。

盖恩斯伯勒伯爵夫人桃乐茜（Dorothy, Countess of Gainsborough）留下了四张藏书票，其中两张非常相似，都是18世纪初的风格。第一张的年份是1707年，上面是盾牌、冠冕和一句格言（见第021页）。第二张与第一张基本一样，年份是1710年。第三张是名片藏书票，年份也是1710年。第四张上面是一个纹章，但年份不详，可能是在桃乐茜的丈夫也就是盖恩斯伯勒伯爵1751年去世之后制作的。桃乐茜是拉特兰公爵约翰（John, Duke of Rutland）的女儿，嫁给了第三代盖

盖恩斯伯勒伯爵夫人桃乐茜的藏书票，1707年

恩斯伯勒伯爵巴普蒂斯特·诺埃尔（Baptist Noel）。

我们今天可以看到许多属于肯特公爵家族的藏书票，肯特公爵亨利·格雷（Henry Grey）是一位很有能力的政治家和朝臣，他的夫人留下了两张藏书票。肯特公爵夫人杰迈玛（Jemima）是克鲁（Crewe）勋爵的女儿，她的一张藏书票上有两个盾徽，其中一个依附着另一个，下方装饰性的文字栏里有一句话：“肯特公爵夫人杰迈玛，1710年。”第二张的样式也基本一样，年份是1712年，只是在右侧盾徽的周围加上了一句嘉德骑士团（the Garter）的格言：“心怀邪念者应觉羞耻。”哈罗德伯爵夫人玛丽·塔夫顿（Mary Tufton, Countess of Harrold）是肯特公爵夫人杰迈玛的儿媳，她也留下了一张非常漂亮的藏书票。这是一张纯正的詹姆斯一世时期风格的藏书票，由两个椭圆形盾徽组成，其中一个依附着另一个，上面是一个冠冕，左右各有一个小天使扶着冠冕，盾徽下方的底部也有一个小天使，文字栏里是姓名和年份。玛丽·塔夫顿是塔内伯爵托马斯·塔夫顿（Thomas Tufton, Earl of Thanet）的女儿，嫁给了肯特公爵的长子哈罗德伯爵安东尼，但是安东尼在1723年意外早亡，因此她的藏书票上没有冠以肯特公爵家族的头衔。卡迪根伯爵夫人伊丽莎白·布鲁斯（Elizabeth Bruce, Countess of Cardigan）的藏书票记录了布鲁德内尔家族（Brudenell）和布鲁斯家族的联姻。伊丽莎白·布鲁斯是第二代艾尔斯伯里伯爵的女儿，嫁给了第三代卡迪根伯爵詹姆斯·布鲁德内尔（James Brudenell, third Earl of Cardigan）。他们的儿子继承了母亲家族的爵位，改用了布鲁斯这个姓氏。这张藏书票上有一个纹章，注明的年份是1715年。

在18世纪的前20年之后，英国的藏书票似乎进入了一段匮乏时期，在这期间没有值得特别介绍的藏书票。安妮女王去世之后，英格兰迎来了汉诺威王朝时代，藏书的风尚好像变得有些衰落，或者说是从辉煌时期走向了下坡路。在一段时间里，文学和艺术，以及书籍的出版、制作和收藏都乏善可陈，几乎陷入了沉睡状态。1733年庞弗雷特（Pomfret）伯爵夫人的一张藏书票还算得上精美，但也毫无新意，只是詹姆斯一世时期风格的简单延续而已（见第024页）。在

庞弗雷特伯爵夫人的藏书票，1733年

注明日期的藏书票中鲜有齐彭代尔风格的作品，这未免令人感到不解。在1774年之前，除了无数名片藏书票之外，就是几乎雷同的图案和一些家族纹章，没有什么特别的东西能引起我们的兴趣。大约在18世纪80年代，我们注意到英国的藏书票开始呈现出一种更奇妙的装饰风格，法国品位的影响正在显现，朴素的纹章不再被视为时尚。尽管法国风尚从未在英吉利海峡对岸的英格兰达到法国本土那样的程度，但在那个时期，许多有趣和引人入胜的藏书票正是采用了这种风格。我们可以将“文学性”藏书票和“寓意性”藏书票放在一个水平线上。这通常是对静物主题的一种令人愉悦的、恰当的描绘，作为图书所有权的标志是恰如其分的。正如奥克塔夫·于扎纳（Octave Uzanne）所说的那样，“图书和艺术主题好比天生的伴侣”，而这两者在书房和图书馆里最为和谐。1774年两张所有人都不知其详的藏书票就是其中著名的例子。这两张藏书票的差别很小，其中一张上面的文字写在一个展开的卷轴似的文字栏上，随着卷轴的起伏而起伏，另一张则是在底部写有一排整齐的文字。两张藏书票都比较小，但特别精致，上面有图书、地图、音符、七弦琴等图案。书的图案都很清楚，显然主人最珍爱的图书，包括《圣经》《格雷诗篇》《自然奇观》（*Le Spectacle de la Nature*）、《旁观者》（*Spectator*）等。在一本装帧精美的图书上有一些缩写的字母，旁边围绕着花环，有人认为其中的“M. E.”代表玛格丽特·埃斯特（Margaret Este），但也有人认为主人另有其人。这个藏书票的设计是否被两位女士分别使用过，我们不得而知。

安娜·戴默（Anna Damer）夫人1793年的藏书票令人很感兴趣，不仅富有艺术性，而且具有一定的历史意义。安娜·戴默夫人的父亲亨利·西摩·康韦（Henry Seymour Conway）阁下是一位杰出的军人，也是第一代赫特福德侯爵的亲弟弟。安娜·戴默夫人是一位了不起的女性，她在很年轻的时候就是一个著名的雕版师了，我们今天在伦敦市政厅看到的霍雷肖·纳尔逊（Horatio Nelson）勋爵的半身像就是当初她赠送给伦敦金融城公司的礼物。1767年，她嫁给了多塞特郡弥尔顿勋爵的长子约翰·戴默（John

Damer）。可惜结婚10年之后，约翰·戴默就去世了，安娜·戴默夫人随后搬到泰晤士河谷居住，与阿格尼丝·贝里（Agnes Berry）、玛丽·贝里（Mary Berry）、霍勒斯·沃波尔（Horace Walpole）等文艺界名流为友，并赢得了他们的尊敬，最后成了特威克纳姆地区名人圈中一个不可或缺的人物。霍勒斯·沃波尔留下遗嘱，将自己的草莓山庄赠给安娜·戴默夫人，让她在那里度过余生。安娜·戴默夫人的藏书票特别漂亮，上面是一个优雅的女性形象，穿着飘逸的古典服饰，还有一个竖立在纪念碑上的菱形图案，上面是戴默家族和康韦家族的纹章，两侧各有一只猎犬守卫，整个图案远处是一大片高大的树林。这张藏书票注明了设计者是阿格尼丝·贝里，雕版师是弗朗西斯·勒加特（Francis Legat）。安娜·戴默夫人还有一张藏书票，与这一张几乎完全一样，只是上面加上了她的名字。

1769年由著名雕版师F. 巴尔托洛齐（F. Bartolozzi）制作的两张藏书票也很吸引人。第一张上面注明了“亨利埃塔·弗朗西斯·贝斯伯勒（Henrietta Francis

Bessborough）夫人，G. B. 西普里亚尼（G. B. Cipriani）设计，F. 巴尔托洛齐制作，1796年”。第二张上面写的是“亨利埃塔·弗朗西斯·贝斯伯勒夫人，F. 巴尔托洛齐制作，1796年12月30日”。一些藏书票既是主人的藏书票，也是名片，如查尔斯·汤利（Charles Townley）等人的藏书票，F. 巴尔托洛齐制作的这两张藏书票也是这样的例子。尽管亨利埃塔·弗朗西斯·贝斯伯勒夫人的本意是设计两张藏书票，但其是否被贴在她的图书上很值得怀疑，因为在F. 巴尔托洛齐制作好藏书票之后，她很快就去世了。杰拉尔德·庞森比先生在整理亨利埃塔·弗朗西斯·贝斯伯勒夫人的遗物时发现了这些藏书票，它们被打包成整整齐齐的一包，显然还没有用过，看样子是从印刷厂里送来还没有拆开。亨利埃塔·弗朗西斯·贝斯伯勒夫人出身于一个书香世家，她的母亲是著名的贵族家族——斯宾塞家族的名流，毫无疑问，她从母亲那里继承了对文学和艺术的高雅品位和浓厚兴趣。第一张藏书票是18世纪末流行的那种古典绘画风格，中间表现的是一个房间的内部，通过左边的门口可以看到外面的风景，让人联想到漂亮的花园。画面正中央是坐着的是维纳斯，她的右手捧着一只鸽子，左手捧着一颗艳丽的红心；维纳斯的两侧都有小爱神丘比特陪伴，丘比特举着一条宽大的丝带，上面写着亨利埃塔·弗朗西斯·贝斯伯勒夫人的名字；维纳斯的椅子后面还有一个插着鲜花的花瓶。整个画面是一个椭圆形，置于一个长方形的边框之内。这是一张很小的藏书票，雕刻得十分精美，据说F. 巴尔托洛齐得到了20英镑的报酬。他为亨利埃塔·弗朗西斯·贝斯伯勒夫人制作的第二张藏书票上面是一段文字和一个冠冕。

F. 巴尔托洛齐还制作过一张非常特别的藏书票，我们可以看到，尽管都是出自F. 巴尔托洛齐之手，也具有特有的精致风格，但作为一张藏书票来说，这张的画面风格未免过于阴郁和悲哀了。塔布里勋爵认为这可能是为了纪念某位在英格兰去世的西班牙女士而设计的，他这样描述这张藏书票："这幅画面描绘的主题是一个四四方方的石头祭坛或纪念碑，上面可以看到凿痕，底部环绕着青翠的草地，中间混着一些野花和玫瑰。这个祭坛位于一个海边的海角，

芬彻姆的玛莎的藏书票

远处可以看到船只和遥远的海岸线，可能象征着西班牙。祭坛上摆着一个冒着烟的香炉和两个祈愿花环。画面的前景是一个可爱的女仙子，长着翅膀，半披着斗篷。她跪在地上，手上拿着木槌和凿子。一个丘比特依偎在她身边，指着她刚刚在祭坛正面凿下的名字。”这张藏书票高4英寸、宽2.75英寸，属于梅内塞斯的伊莎贝尔（Isabel）女士。

以上就是我们对17世纪和18世纪英国有日期的女士藏书票的简单回顾。

第二章　女性藏书家

随着书籍的出版和制作越来越普遍，藏书家和收藏家也开始出现了。几个世纪以来流传下来的名字中，有明确记录的女性很少。造成这种现象的主要原因应该是女性在这方面没有什么机会，而不是她们缺乏品位。一位罗马哲学家曾在不经意间提到过一件轶事，他说埃及艳后克利奥帕特拉的藏书都是安东尼送给她的礼物，并嘲笑书籍对这位女王来说只是另一种奢侈品。在早期的爱尔兰故事中，圣·布里格塔（St. Brigetta）的名字非常引人注目。关于这位圣洁的女士的确切生平，人们知之甚少，而且她的事迹又与许多传奇和民间故事交织在一起，我们几乎不可能将真正的史实和虚构的故事很清楚地区分开来。尽管我们无法确定圣·布里格塔当年在修道院到底做了哪些工作来促进启蒙艺术的发展，但多年后的今天，人们在爱尔兰仍然能感受到她带来的影响，这一点毋庸置疑。在撒克逊时代，我们应该感谢希尔德（Hild）女士，她是一位拥有王室血统的女性，致力于进一步发展知识和学术。她在惠特比附近建造了著名的斯特洛尼希尔修道院，贝弗利的圣约翰（St. John of Beverley）曾在那里隐修。在她的鼓励下，卑微的诺森布里亚牧民第一次唱起了赞美耶稣基督的圣歌。在伦巴第，狄奥多琳达（Theodolinda）女王为推广基督教和鼓励书籍的出版做了大量的工作。她的事迹引起了罗马教皇的注意，据说罗马教皇为了表示对狄奥多琳达女王的感谢和敬意，赐给了她一顶铁王冠，直到今天，还有许多人前往她在蒙扎的墓地缅怀吊唁。玛蒂亚（Martia）是英格兰早期的一位女王，她编纂了各种有益的法律，被后人称为“玛蒂亚法令”（Martian Statutes）。

因古尔弗斯（Ingulphus）在他用古雅的拉丁文写成的著作中曾提到过自己在威斯敏斯特修道院的一些经历。当时因古尔弗斯是威斯敏斯特修道院的一位学者，伊蒂莎（Editha）女王经常会来修道院询问他和他的同事在学术上有何进展，有时候还会和他们讨论一些有争议的语法问题，在这方面，伊蒂莎女王往往会在辩论中占得上风，然后她会大笑一声，让他们去享用宫廷早餐。在今天的英国国家图书馆里可以看到一本12世纪的诗集，是献给梅丽森达（Melissenda）的礼物，她是安茹伯爵富尔克（Fulk, Count of Anjou）的妻子。这本诗集的外部装帧精致而复杂，上面有十分精美的象牙装饰，还镶嵌着珍贵的红宝石和绿松石，明显属于拜占庭风格。我们可以看到，随着时间的推移，女性的名字开始越来越多地与知识、学术和书籍联系在一起了。

在早期的英格兰女王和王后之中，有好几位都以对文学的赞助而闻名。苏格兰的莫德（Maud）王后是她那个时代最有学问和能力的女人，她是亨利一世的妻子。英国建成的第一座拱桥就是莫德王后的功劳，这座桥横跨利亚河，靠近斯特拉特福德，因此得名斯特拉特福德拱桥。菲利帕王后创建了牛津大学王后学院，这是一项了不起的成就。即使是好战的玛格丽特女王也在短暂的和平时期抽出时间，于1448年创建了剑桥大学女王学院。据说当时她还只有18岁，创建剑桥大学女王学院的资金都是从她的嫁妆里省下来的。剑桥大学卡莱尔学院的建立也应该归功于一位女性，她就是女伯爵卡莱尔·伊丽莎白，她的丈夫是康诺特勋爵约翰·德·伯格。她不仅慷慨捐资，还向卡莱尔学院捐赠了一批图书，尽管数量不算很多，但都很有价值。她在捐赠契约上这样表达了自己的动机："扩展每一个有用的学术分支，无知便找不到任何借口。"

彭布罗克家族总是与高尚的行为和高尚的思想联系在一起。玛丽·德·圣保罗（Mary de St. Paul）嫁给了第三代彭布罗克伯爵瓦伦西亚的安多梅尔（Andomare），然而安多梅尔在婚礼上被人刺杀，玛丽·德·圣保罗就这样在新婚之日经历了从少女到妻子再到寡妇的转变。而后，她放弃世俗虚荣，慷慨地将自己的财富捐赠给剑桥大学，成立了玛丽–瓦伦西亚学院，也就是通常所说的彭布罗克学堂。尽管玛丽–瓦伦西亚学院的藏书票不能说是典型的女士藏书票，但上面的纹章和姓名清楚地向我们诉说了这位伯爵夫人的慷慨之举："瓦伦西亚的奥拉·玛丽学院暨彭布罗克学堂，坎塔布里亚大学。"这是一张精美的詹姆斯一世时期风格的藏书票，上面注明的年份是1700年。本·琼森的墓志铭中提到过大诗人菲利普·锡德尼的妹妹玛丽·锡德尼，她是第六代彭布罗克伯爵的夫人，同哥哥一样，她也拥有过人的智慧和学识，与她的美貌同样引人注目，令人感到惊奇的是，她还是一位熟练的针织工。有一本现在十分罕见的图书，其中提到了一些杰出女性，包括玛丽·锡德尼。这本小书上写着这样一段题跋："针的优点，一本包括各种令人钦佩的作品的新书，是用针精心制作的。新发明的，用铜切割的，为勤劳的人带来快乐和益处。为詹姆斯·博勒印刷。1648年。"玛丽·锡德尼为我们留下了几部作品，大部分都是宗教性质的。菲利普·锡德尼为了让妹妹玛丽开心，创作了他著名的《阿卡迪亚》，因此这本书最初问世时被称为"彭布罗克伯爵夫人的阿卡迪亚"。玛丽·锡德尼的姑姑是威廉·锡德尼（William Sidney）爵士的女儿，她的丈夫是莱斯特伯爵的竞争对手、著名的苏塞克斯

（Sussex）伯爵，她立下遗嘱，在1589年去世后将一大笔遗产捐赠给剑桥大学建立一所新的学院。苏塞克斯伯爵夫人的遗嘱执行人后来从剑桥大学三一学院购买了一块土地，并于1596年建立了锡德尼-苏塞克斯学院。这个学院图书馆的藏书票与彭布罗克学堂的藏书票非常相似，上面有苏塞克斯家族的银色纹章和锡德尼家族的天蓝色纹章，上面的铭文是“弗朗西斯卡·锡德尼·苏塞克斯学院，坎塔布里亚大学，1701年”。

在牛津大学的发展历史中，女性所发挥的作用似乎不像在剑桥大学那么突出。伊丽莎白女王于1571年创建了牛津大学耶稣学院。牛津大学瓦德汉学院是1613年由尼古拉斯·瓦德汉（Nicholas Wadham）和他的夫人、威廉·彼得（William Petre）爵士的女儿桃乐茜一起创建的。牛津大学伍斯特学院虽然不是由女士创立的，但却是由萨拉·伊顿（Sarah Eaton）夫人和霍尔福德（Holford）女士捐赠的。在13世纪中叶，苏格兰国王约翰·巴利奥尔（John Balliol）的父母老约翰·巴利奥尔和德沃尔吉拉（Dervorgilla）一起创立了牛津大学巴利奥尔学院。菲利帕王后创立了牛津大学菲利帕王后学院。

朱莉安娜·伯纳斯（Juliana Berners）女爵士是一位著名的女修道院院长，也是一位高瞻远瞩、雅趣广泛的知识女性。除了宗教事业之外，她还对纹章学产生了浓厚的兴趣，在这方面她是英国非常早的权威人士之一，并将纹章学的研究与当时两种流行的体育运动结合在一起。在圣奥尔本斯修道院的时候，朱莉安娜·伯纳斯女爵士创作了一本关于钓鱼、猎鹰和盾徽的著作，这本书的原著现在保存在奥辛顿的威廉·丹尼森（William Denison）先生的图书馆里。这位值得尊敬的女爵士还编写了一份狩猎动物清单，记录了人们在狩猎中最喜欢追逐的野兽，这份令人称奇的清单具有很高的研究价值。朱莉安娜·伯纳斯女爵士生活在14世纪末15世纪初，是伯纳斯勋爵布希耶的妹妹，伯纳斯勋爵布希耶是一位杰出的军人，曾在宫廷中担任要职，还是法国编年史作家和诗人让·弗鲁瓦萨尔（Jean Froissart）的著作的第一个英译本译者。大英博物馆收藏了朱莉安娜·伯纳斯女爵士关于鹰猎、狩猎和盾徽的书的一个珍贵版本，被称为“圣奥尔本斯之书”（Book of St. Albans）。据说这本书有过一段奇特的经历，《藏书票月刊》曾有过这样的介绍：

这本书的出版时间是1486年，后来陆续再版，是许多收藏家非常喜爱的藏品。大英博物馆收藏的这个版本曾在盖恩斯伯勒附近的希克曼家族（Hickman）的图书馆里保存了许多年，后来在这个图书馆的一次大清理中，许多没有封面的书被当作垃圾扔在一边，而这本罕见的图书恰好也在其中。希克曼庄园里有一位园丁希望能从这些被丢弃的图书中挑出一些喜欢的带回家，他的请求被批准了，于是他就把朱莉安娜·伯纳斯女爵士的这本书带回家了。据说这位老园丁很喜欢纹章学，他习惯于在书里画上他自认为的家族纹章。这位园丁死后，他的藏书一直放在农舍的厨房里。幸运的是，这本珍贵的图书并没有像旁边其他的书那样被当作废纸烧掉，而是于1844年被已故园丁的儿媳以9便士的价格卖给了布莱顿的一个小贩。这本书经过几次再装帧和转手之后，价格水涨船高，最后被J. 格伦维尔（J. Grenville）阁下花了70枚金币购得，并捐给了大英博物馆，于是这本书终于成为国家财产。

顶级图书

出身书香世家、博学多才的玛格丽特·罗珀（Margaret Roper）和简·格雷（Jane Grey）女士都是著名的知识女性。我们从学生时代开始就被教导以这样的人物为榜样，学习她们的知识和智慧。但是在那个时代，只有身处高位的王室和贵族家族的女性才有可能具备和发展文学与艺术方面的品位，也只有她们才有足够的财力使用富丽堂皇的家具，用天鹅绒、宝石、刺绣和金银来装饰自己的图书，包括后来流行的用上好的摩洛哥鞣制皮革、徽章和纹章来装饰。总之，对于她们来说，用各种奢华的方式来作为自己财产的识别标志根本不需要考虑费用的问题。

当时的藏书家非富即贵，只是一个很小的社会群体。随着书籍的增加和普及，知识不再仅仅属于少数贵族和富人，各种代表图书主人身份的徽章、纹章和名片也纷纷出现。这些标志既是一种所有权声明，也是一种美观的装饰，贵族和平民都采用这种方式。尊贵的主教的纹章或盾徽被贴在他的神学图书馆里，代表他对这些图书的所有权。这种单独贴上去的纹章除了作为图书上的所有权标志之外，很多时候也是一个家族的族徽，大多数带有纹章的藏书票也是如此。藏书票通常代表着一本书的历史，一本书上经常会有不同的藏书票重叠地贴在一起，讲述了不同的主人和家族的故事。关于应不应该从图书上取下这些个性化标记的问题一直以来都争论激烈，有不少文章专门谴责撕掉藏书票的行为，但也有许多人持有不同意见，双方爆发过激烈的争吵甚至骂战。毕竟藏书票不等于图书本身不可分割的一部分，它只是由购买者和所有者自己放在扉页上的，因此取下藏书票不会损害图书本身，也不会降低图书的价值，而且大多数真正的藏书家和收藏家应该都不会在藏书票可以为图书增值的情况下却要把它取下来。另外，许多珍贵的藏书票都是孤品，都是从十分罕见的图书上找到的，如果坚持不能取下任何藏书票，那么这些珍贵的精品就很难被人们见到了。当然，收藏藏书票的人中也有一些令人讨厌的家伙，现在有不少这种人，以后应该也不会少，他们并不是真心热爱艺术，也没有敏锐的艺术鉴赏力，为人毫无高雅可言，总是纠缠别人，索取藏书票，有时候甚至不择手段，为了得到藏书票不惜做出一些轻率失礼甚至为人所不齿的事情。他们不能算是真正的藏书票收藏家，最多只能算是狂热的签名收藏者或现在那种采访者。

托马斯·艾略特（Thomas Eliot）的晚期诗歌作品《小吉丁》（*Little Gidding*）极具影响力，人们对这首诗歌虔诚的敬意就像一个神圣的光环笼罩在这个伟大作品上。我们现在可以看到由科利特女士和费拉尔女士（Collet and Ferrar）精心制作的刺绣版本，我们可能会钦佩她们的勤奋和耐心，因为她们是被这样教导的——“剑桥的图书装订商的女儿很少去装订图书”，但想想这些娴静的圣公会修女坐在风景如画的贝德福德郡老庄园那长长的房间里，一定是将《圣经》或《四福音对照书》剪成碎片制成刺绣书。查理一世对这种刺绣书十分喜爱，甚至还为自己的儿子订购了一本。但那位大名鼎鼎的年轻人是否完全欣赏这份礼物就不得而知了，也没有历史记载。在后来的时代，或许背负最多骂名的是格兰杰，但不管怎么说，他所做的恶行与《小吉丁》这本书所遭受的大规模毁坏相比还是轻得多。他最糟糕的错误是从一些零散的书卷中撕下几张旧版画和肖像画，把这些装订在一起为一些作品做插图。年份久远的图书里面往往放着许多珍贵的东西，如古老的版画和古色古香的装饰页，但这样的古籍就像快要倒塌的老房子一样，外部已经年久失修，完全无法修复。在这种情况下，相信所有人都会同意将其中有价值的东西移走，在安全的环境里存放，以免腐烂，所以有时候撕掉一些书页或许也是出于保护图书的目的。我们许多最漂亮的藏书票就是如此，它们藏在廉价图书的破旧封面里，只适合废纸商人。

在早期的图书装订史上，图书的印刷和装帧几乎都是定制的，装订师的名字会一起印在封面上，这说明制版的时候就已经加上了他的名字。后来当书籍变得更加普遍和便宜、成书可以批量出售的时候，装订师便感到有必要设计一个自己的专属标志，于是我们也可以根据这种装订师标志来确定一些图书的年份。J. 里肯巴赫（J. Ryckenbach）是盖斯林根著名的图书装订师，他在1467年以及之后装订的一些图书的皮革封面上清楚地印着他的名字。理查德·平森（Richard Pynson，1493—1529）是最早在图书上使用纹章标志的装订师，他的标志是一个盾形纹章，上面有木头房子、头盔、花环和一只张开双翅的猎鹰。这应该就是最早的书商和装订师的纹章标志。

刺绣从很早的时候就开始用于书籍的封面，这是英国人特有的一种艺术，主要用于宗教书籍。纹章、盾徽和一些文字通常用金线和银线绣在丝绒上。伊丽莎白时期的书籍中有许多非常好的刺绣样本。大英博物馆收藏的《诗篇》（*Psalter*）封面上的刺绣是一个很吸引人的例子。这是在帆布上完成的刺绣，很可能是西蒙·菲尔布里奇（Simon Felbrigge）爵士的女儿安在14世纪下半叶的手工作品。安是一位心灵手巧的修女。这个刺绣是最早的帆布刺绣作品，上半部分描绘的是圣母领报，下半部分描绘的是耶稣受难。书的封面上还镶着一个珐琅铭牌和锁扣，锁扣上有图书主人的纹章。格洛斯特公爵夫人埃莉诺（Eleanor）在1339年立下的遗嘱中曾提到过一本包括《诗篇》和祈祷文集的图书，上面有两个带有她的纹章的金锁扣。在16世纪和17世纪，许多图书上面都有作为图书所有人标志的金属装饰，这是当时非常流行的一种时尚。

在都铎王朝时期，装订师的徽章在图书上出现的频率很高，我们可以见到许多频繁出现的纹章和装饰图案，但其代表的很可能都是装订师而不是图书的主人。王室纹章、凯瑟琳王后的箭束图案、石榴和玫瑰花的组合、铁闸门、猎鹰、凯瑟琳·帕尔（Catherine Parr）的少女头像、象征都铎王朝的玫瑰图案等王室专属装饰都很随意地出现在当时的图书上，这些图书显然不可能都属于王室，至于为什么这种僭越行为会变得流行我们就不得而知了。

大英博物馆收藏了大量王室藏书，其中有许多属于伊丽莎白女王。我们知道，伊丽莎白女王非常喜欢收到图书类礼物，她会对这样的礼物报以微笑和几句亲切的问候。每当王室成员访问牛津大学和剑桥大学的时候，年轻的天才学生总会献上一本诗集，伊丽莎白女王这时候就会勉为其难地表示自己没做什么准备，然后用希腊语或拉丁语发表一篇精致的演说。这些作为献给女王的礼物的图书自然都装帧精美，本身就是一件艺术品。伊丽莎白女王是一位博学多才的君主，当她还是一个小女孩的时候，就将一本由凯瑟琳·帕尔用英语写成的祈祷和冥想的著作翻译成了拉丁语、法语和意大利语。她亲自将这些译作写在羊皮纸上，并用银线来刺绣装帧。现在还有许多由伊丽莎白女王亲手刺绣的图书封面存世，明显可以看出她的针法精巧而娴熟。英国王室图书馆里还有一本用红色天鹅绒装帧的图书，封面上有一个黄金制作的圆形浮雕，用彩色珐琅写着伊丽莎白女王名字的缩写，旁边是代表都铎王朝的玫瑰花和王冠；封面上还有一个用银线和彩线刺绣成的精美的英格兰豹图案，这个图案很大，几乎占据了整个封面。伊丽莎白女王的祈祷书也保存完好，这本书是她亲自用六种语言写的，封面是宫廷画师希利亚德（Hilliard）画的细密画，周围有刺绣花边，这是一本普通装订的图书，带有一个金锁扣。在另一本皮革封面的图书上，伊丽莎白女王名字的中间印着王室纹章。还有一本非常特别的图书，封面的四个角上都印着伊丽莎白女王的纹章和一只头戴王冠的猎鹰抓着权杖的图案，据说这个猎鹰图案最早是属于安妮·博林（Anne Boleyn）的纹章。王室藏书中用金线和银线刺绣装饰的图书很多，有一些还装饰着阿拉伯风格的花边，其中有一本书的封面是用绿色天鹅绒装帧的，纹章印在一个可以旋转的装饰品上，可以看出用的是珐琅工艺，封面底部也有纹章和都铎王朝特有的玫瑰花和王冠图案。

玛丽女王（Mary Stuart）的藏书不像妹妹伊丽莎白女王那么多，很少有精美的装帧，但都是精挑细选的很有价值的图书。她的大部分藏书都是法国装订师的作品，封面上一般都画着一只象征苏格兰的金色狮子，整个封面上阴郁的黑色似乎预兆着这位女王的不幸命运。少数几本书上装饰着法国百合花的图案，还有玛丽女王名字的首字母“M”，上面是一顶王冠。英国国家图书馆里保存着玛丽女王唯一一部由英格兰装订师装订的图书，这是一部1556年爱丁堡出版的《黑色法案》（*the Black Acts*），上下两册。每一本的封面上都印着玛丽女王的纹章和“玛丽女王陛下”的字样，纹章是金色的。整本书的边缘都有比较宽的金色包边，显得十分华丽，玛丽女王也非常喜欢昂贵华丽的图书装帧风格。她经常使用石榴和玫瑰花的组合图案，这是为了表示她的血统来自约克王朝、兰开斯特王朝和西班牙。

联名藏书票代表图书同时属于夫妻二人，早期图书的封面和铭牌上也有同样的情况。伊丽莎白女王的宠臣伯利勋爵威廉·塞西尔（William Cicyll, Lord Burleigh）有一本用小牛皮装帧的藏书，上面有一个带有花边装饰的铭牌，写着“威廉和米尔德雷德（Myldred）”，表示这本书同时属于伯利勋爵和他的夫人米尔德雷德。凯内尔姆·迪格比（Kenelm Digby）爵士的许多藏书都是由著名的装订师加斯康（Le Gascon）制作的，封面上同时印着凯内尔姆·迪格比爵士和夫人维妮夏·史丹利（Venetia Stanley）两个人的纹章。

英国国王查理一世的女儿亨利埃塔·安妮（Henrietta Anne）曾创作过一种她独有的装饰元素，整本书的边框都交替印着她名字的缩写字母“H”和“A”，字母是用烫金工艺印上去的。安妮女王比较喜欢简约的图书装帧风格，她的藏书最常见的款式是红色的摩洛哥鞣制皮革封面，一顶王冠放在一段文字上面，边缘有丰富的压花和烫金镶边装饰。大英博物馆收藏了一本夏洛特王后的祈祷书，高档的牛皮纸上印着彩色的纹章，边缘装饰着蓝色和金色的伊特鲁里亚风格图案的镶边，这本书的前切口也是烫金的，上面绘有图案。

法国藏书家

英国女性藏书家的藏书中还有许多值得关注的例子，不过我们现在或许应该去看看时尚的法国邻居，事实上，与法国君主的藏书相比，英国君主的图书馆恐怕要逊色太多。法国人向来讲究高雅的品位和富丽堂皇的奢华，随着读书和学术进入新的兴盛期，拥有大量精美藏书成了法国人风行一时的时尚，就像收藏大量珍贵画作和使用昂贵家具一样，是一种必要的身份象征。有一点必须说明，在当时的背景下，存在两种截然不同的藏书者。一种是认为藏书仅仅是具有一定商业价值的奢华时尚而已，这些附庸风雅的人买来许多图书，进行华丽而昂贵的装帧，然后摆在书架上当作装饰品，却从未打开书真正地读一读。法国哲学家布吕耶尔（Bruyere）曾讥讽这些人的图书室是皮革厂，散发出的只是鞣制皮革的臭气，而不是书香。另一种是真正的爱书人，他们是藏书家和收藏家，热爱自己的藏书，包括书里的内容和图书的装帧，翻开令人爱不释手的装帧精美的图书认真阅读是他们最大的享受。恐怕不得不承认，这种分化更多地出现在女性人群之中。我们可以看到，在16世纪以及更早时期的法国历史上那些最重要的女性中，真正关注书籍内容并读懂一些有价值的著作的人少之又少，她们通常更在意摆在书架上的图书的装帧是否足够漂亮和奢华。

在法国早期的女性名流中，我们首先应该关注法国国王路易十一的女儿安妮公主。尽管她生活在文艺复兴之前，但仍然留下了相当数量的精美藏书，遗憾的是其中许多图书原来的装帧已经被替换了。安妮公主的女儿苏珊也留下了不少值得关注的藏书。盖尔德斯的菲利帕公爵夫人和查理八世的王后布列塔尼的安妮都是著名的女性藏书家，她们的藏书在装帧上似乎没有什么独特的标记，只是在扉页上写有自己的名字，有时候也会用拉丁语或法语写下一段引文。女性藏书家经常会用题词、肖像、手工彩绘、家族纹章等形式来构成图书装饰的一部分，其中一些手工绘画是最好的细密画作品，而且大都保存完好。法国国王弗朗索瓦一世的母亲是萨伏伊公爵的女儿路易丝，她是第一个在16世纪欧洲文艺史上留下不可磨灭的印迹的女性名流。路易丝算是一个诗人，创作了一些诗歌，还收集了大量手稿，这些作品上都有她的家族纹章，常见的图案是作者跪在地上将作品献给王后。路易斯的女儿玛格丽特也是名人，她最喜欢的图书装帧风格既精致又得体，通常是一顶王冠放在她名字的缩写“M”上面，周围是一种垂着的雏菊不断重复组成的装饰画，还有一些图书上的装饰画是由雏菊和百合花交织在一起组成的。每位法国王后都有自己的藏书室，她们喜欢的图书装饰风格各不相同。说到法国女性藏书家，我们不得不介绍一下著名的迪亚娜·德·普瓦捷（Diane de Poitiers）。

在法国国王亨利二世统治时期，图书装帧艺术达到了顶峰，浮雕装饰、阿拉伯风格的图案、优美的螺旋花形等元素呈现出了十分动人的艺术效果和设计者惊人的大胆创新。许多图书装订师都是真正的艺术家，他们完全懂得色彩、构图、比例等艺术原理，其中一些人从早期的意大利艺术家身上汲取了灵感，他们的作品具有强烈的个性，展现出一种令人耳目一新的艺术魅力。迪亚娜·德·普瓦捷是一位真正的藏书家和收藏家，她的藏书大多采用华丽的皮革装帧，上面一般都印着代表她寡妇身份的菱形纹章，家族纹章、弓箭、箭袋和新月图案也是常见的装饰。法国国王亨利二世是迪亚娜·德·普瓦捷的情人，曾赠给她许多图书，在这些图书上常常可以看到印有代表亨利和迪亚娜名字缩写的字母“H”和“D”的图案，其中一些字母“H”上面有一顶王冠。关于字母“H”和“D”的组合到底代表什么，人们曾有过巨大的争议，许多人认为印着代表字母“H”和“D”的图案的图书不可能都属于迪亚娜·德·普瓦捷，因为不少装订师也会用到同样的字母组合，而且代表字母“H”和“D”的图案也很容易和代表国王亨利二世和王后凯瑟琳·德·美第奇（Catherine de Medici）名字的缩写字母“H”和“C”的图案相混淆，这一点确实如此，这两个图案的构图方式十分相似，看起来都差不多，这能从插图中看得很清楚。迪亚娜的书一般都有一个优雅的压印边框，涡形纹饰通常

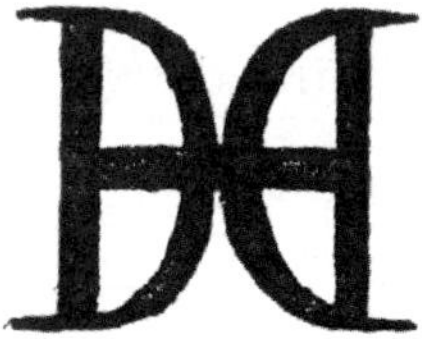

代表亨利和迪亚娜名字的缩写字母“H”和“D”的图案
与代表亨利和凯瑟琳名字的缩写字母“H”和“C”的图案

是黑色，以浅黄褐色或其他浅色为底色，新月形装饰几乎总是白色或银色。封面中间是一个椭圆形轮廓，上面是她的纹章或者带有她的家族盾徽的菱形图案。M. 博沙尔（M. Bauchart）写过一本《法国女性藏书家》（*Femmes Bibliophiles de France*），书中提到过一个例子，应该可以很好地说明这个问题。这本16世纪的图书是用棕色小牛皮装帧的，上面印着风格非常大胆的浅黄色图案，阿拉伯风格的图案与弓箭和箭袋交织在一起，展现出了强大的艺术表现力。迪亚娜·德·普瓦捷的家族盾徽在封面中央的一个菱形边框内，颜色是蓝色和褐红色，上面有一顶王冠，边框下方是一支箭和一段写在卷轴上的文字，也是彩色的。用黄色摩洛哥鞣制皮革制作的铭牌更具有装饰性，上面印着十分精美的阿拉伯风格图案，字母“H”有间隔规律地印在整个铭牌上，这个“H”就是亨利二世名字的缩写，表示这本书是他赠给迪亚娜·德·普瓦捷的礼物。迪亚娜·德·普瓦捷的藏书通常有风格优雅的镶边装饰，新月图案几乎总是白色和银色，螺旋花形的底色一般是浅黄色或其他浅色，图案则是黑色。封面中间一般是一个镶花边的椭圆形边框，里面是带有她家族盾徽的菱形纹章，代表她的出身和寡妇身份。

亨利二世的王后凯瑟琳·德·美第奇也是那个时代热忱的藏书家之一，她把许多手稿和图书从意大利带到了法国，包括著名的洛伦佐·德·美第奇（Lorenzo de Medici）的图书馆，那是她的一部分嫁妆。1559年亨利二世去世，经历丧偶之痛的凯瑟琳·德·美第奇把她的藏书标志改成了一堆被大滴泪珠浇灭的火堆灰烬，还有这样一句话："热情的火焰已经彻底熄灭。"她的许多藏书都装饰得金碧辉煌，极尽奢华，上面通常有百合花、阿拉伯风格图案和王冠组成的装饰图案。1599年，她收藏的大批珍贵的手稿和图书成为王室财产，这对法国国王的图书馆来说很有价值。今天这些藏品大部分都被保存在法国国家图书馆。凯瑟琳·德·美第奇的女儿玛格丽特·德·瓦卢瓦（Marguerite de Valois）继承了母亲在文学方面值得称赞的品位和鉴赏力，她的藏书封面上飘逸的花朵图案据说是她亲自设计的。她有一个特殊的藏书标志图案，是由三个三角形组成的五角星，看起来十分神秘，其中一个角上写着“萨卢斯”（Salus），这是罗马神话中掌管健康、幸福和兴盛的女神；还有一个角上面是一个盾牌，盾牌上有三朵百合花，周围用拉丁语写着“希望你能成功”，不过也有人认为这并不属于玛格丽特·德·瓦卢瓦，而是属于一位也叫玛格丽特的女性藏书家。玛格丽特·德·瓦卢瓦也是法国王后，她是一位极为聪明博学的女性，也是一位伟大的古典学者。

17世纪图书标志的风格出现了明显的变化，其不再覆盖着整个封面，而是用棕榈树或橡树图案分隔和包围着。法国国王路易十三和他的王后安娜·玛利亚·莫里西亚（Ana Maria Mauricia）的藏书明显展示了这种风格。代表国王夫妇二人名字缩写的字母“L”和“A”以及代表安娜·玛利亚·莫里西亚自己的两个字母“A”经常出现，字母上面都有王冠。这些字母通常在封面的四角上，围在一个简单的边框之内，中间是烫金的字母。蒙庞西耶女公爵安妮（Anne, Duchesse de Montpensier）的图书标志是一个非常简朴的浮雕图案，一个菱形边框的中间是她的家族纹章和法国百合花，旁边装饰着棕榈枝，封面的四角上是她名字的缩写字母和王冠，周围有三个金色的圆角装饰。法国贵族德·图（De Thou）开创了一种朴素的图书装帧风格，他的图书标志是自己和妻子名字的缩写字母以及家族纹章，令人感到清新简洁。曼特农（Maintenon）夫人虽然谈不上是一位藏书家，但她的藏书在收藏界享有盛誉，并且因为非常稀少而备受追捧。她的藏书很少，主要是她晚年收藏的宗教和道德方面的书籍。其中一本装帧精美的图书可能是她送给一位侯爵夫人的礼物，这本书的封面中间是一个纹章，周围有一圈类似蕾丝花边图案的烫金装饰。维鲁（Verrue）伯爵夫人是17世纪末至18世纪的法国名流，关于她极尽奢华的府邸有这样的描述："这座金碧辉煌的府邸似乎是一座艺术的宫殿，向人们展示着艺术和品位的荣耀和成就。"她是一位才华横溢的女性，既是高明的艺术鉴赏家又是博学的学者，对各种形式的艺术都拥有非常敏锐的鉴赏力，当时几乎所有艺术界和学术界的名人都乐于参加她的聚会。她最著名的是绘画收藏和图书收藏，尤其是图书收藏。她收藏了三千多部各个时代的著作，几乎涵盖了所有学科。这些图书主要是用不同颜色的摩洛哥鞣制皮革或高级小牛皮装帧的，封面中间是家族纹章，通常带有烫金的“默东”（Meudon）两个字。默东是巴黎南郊的一个小镇，维鲁伯爵夫人的图书馆就在那里，许多作家和艺术家都喜欢在那个小镇上耕耘艺术。与维鲁伯爵夫人同时代的沙米亚尔（Chamillart）夫人也是一位著名的藏书爱好者，圣西蒙公爵曾这样评价她：“一位好得不能再好的女人，但对她丈夫来说却是最没用的女人。”她的藏书差不多都是由当时著名的图书装订师波耶特（Boyet）和帕德洛普（Padeloup）装帧的，封面的中间是她的家族纹章，四个角上是交叉在一起的两个字母“C”，代表她名字的缩写。

梅因（Maine）公爵夫人的图书标志别具一格，上面是一群蜜蜂围着蜂房飞舞，还有一句非常有趣的文字：“她虽然很小，却能使人身受重伤。”

朗塞莱女修道院院长安妮·玛丽·路易丝的藏书

是表现女性教会风格的一个绝佳例子，年份大约是1709年。她出身于一个神职人员世家，这个家族因为出过许多著名的牧师而非常自豪。她的藏书封面上都是一个印在菱形边框里的家族纹章，旁边是牧师权杖和其他一些代表基督教会的神圣标志，上面还有一顶王冠。

在18世纪的法国，对艺术影响最大、推动最大的女性当属蓬帕杜（La Pompadour）女侯爵。作为法国国王路易十五的情妇，这位著名的女性历来颇具争议，但不可否认的是，她对作家和各类艺术家的帮助具有重要意义。布歇和卡尔·范·卢（Carl Van Loo）的绘画、布沙东（Bouchardon）的雕塑以及塞夫勒（Sevres）的艺术工厂正是在她的赞助和艺术品位的启发之下，才迎来了辉煌时刻。蓬帕杜夫人的绘画品位高雅而独到，她甚至还是一位高水平的业余画家。据说伏尔泰有一天看到了蓬帕杜夫人正在创作一幅头像画作，不禁大吃一惊，于是当场为她的才华献上了一首赞美有加的四行诗。蓬帕杜夫人留下了大量珍贵的藏书，大部分都装帧精美，上面印着她的盾形纹章，许多图书的封面还有镀金装饰。她还有一张藏书票，但好像从来没有用过。

法国国王路易十五有三个女儿，每个人都有自己的图书馆，但只有阿德莱德（Adelaide）在真正的藏书家中占有一席之地。三位公主的藏书都是由王室图书装订师富尼耶（Fournier）和旺特（Vente）装帧的，设计风格基本相同，但颜色不一样，年长的阿德莱德的藏书使用的是红色，维克托瓦尔（Victoire）是绿色（见第061页），最小的索菲（Sophie）是黄色。图书标志都是一样的——菱形边框里镶着金色的法国百合花，上面是一顶王冠，下面是两根棕榈枝。她们的藏书在很大程度上显示出一种严肃而博学的品位，这与她们所接受的严格的宗教教养完全一致。阿德莱德是三姐妹中最聪明的一位，从藏书上就可以看出这一点，但以美貌著称的维克托瓦尔也拥有非凡的个人魅力。她留下了不少藏书票，图案中间是一个菱形边框，里面是三朵金色法国百合花，上面是一顶王冠，旁边是作为装饰的棕榈枝，下面还有一个丝带，写着她的名字。索菲是一位胆小羞怯的公主，总是沉

维克托瓦尔公主的藏书票

默寡言，在宫廷里大多数人看来，她显得有些冷漠和迟钝，言谈举止畏畏缩缩，和蔼可亲的时候少之又少，她最喜欢的是圣徒事迹和道德散文方面的书籍。

蓬帕杜夫人死后，杜巴丽（Du Barry）夫人成了路易十五的情妇，她几乎不识字，也不会写字，更不懂艺术，却附庸风雅地请人为她收集藏书。尽管有几本书上有德罗姆（Derome）的签名，但装帧质量很差。杜巴丽夫人的图书标志是她的家族纹章、王冠和一句“奋力向前”的格言，她的藏书票上也是同样的图案。

在简短地回顾法国女性藏书家时，我们不得不提到三个悲剧人物——玛丽·安托瓦内特（Marie Antoinette）王后、朗巴勒（Lamballe）公主和伊丽莎白夫人，这三位王室女性都死于法国大革命的洪流之中。法国国王路易十六的王后玛丽·安托瓦内特拥有一个很大的图书馆，其中有许多珍贵的图书，装帧风格是当时最流行的奢华品位。朗巴勒公主是玛丽·安托瓦内特的闺蜜，她的藏书很少，没有太值得关注的地方，人们更感兴趣的是她悲惨的命运。伊丽莎白夫人是法国国王路易十六的妹妹，她的藏书特别丰富，包括各种历史和科学著作，尤其是数学，因为她对这门学科最感兴趣。伊丽莎白夫人的藏书和法国王室的其他女性一样，封面上也有菱形边框里的法国百合花图案，但装帧风格很不一样。其藏书大多是用大理石纹的小牛皮或摩洛哥鞣制皮革装帧的，她有自己的藏书票，几乎每本书的封面里都贴着藏书票，许多图书的背面还写着“蒙特勒伊”（Montreuil）的镀金字样，她最喜欢的府邸就在巴黎东郊的蒙特勒伊。

随着共和国的到来，女性藏书家的时代也随之落幕。当然，在之后的历史中，仍然活跃着许多杰出的女性，她们也举行高雅的聚会，也在政界和文艺界发挥着重要作用，但我们不得不承认一个令人遗憾的事实：真正属于女性藏书家的时代已经过去了。在这段扣人心弦的时期里，罗兰夫人的名字格外引人注目。尽管目前没有发现她留下了藏书和藏书票来证明自己对书的热爱，但她仍然作为一位最伟大的女性学者和爱读书的女性被人们铭记。罗兰夫人对读书学习的天分和热爱在幼年就展露无遗，9岁时就开始阅读托尔夸托·塔索（Torquato Tasso）、费奈隆（Francois Fenelon）、普鲁塔克等人的著作，21岁时痴迷于卢梭的著作。我们今天或许不容易理解卢梭对他同时代的人所产生的神奇影响，但我们可以看到他的力量在法国著名评论家和文学家斯塔尔夫人的作品中所产生的影响。被关押在阿贝耶监狱的五个月里，罗兰夫人为我们留下了那部著名的《回忆录》（*Memoires*）。1793年11月8日，她被送上了断头台。

第三章　无日期的女士藏书票

伟大的诗人蒲柏曾这样说过："一首选题浅小的诗需要仔细推敲才能引人入胜。"藏书票这个课题也是如此。在人们眼中，女性直到近些年才开始在图书领域占有一席之地。在图书的早期历史上，关于女性藏书家、女性收藏家，甚至女读者似乎都没什么值得关注的，她们的藏书和藏书票自然更是如此，不过我们在本章中会介绍一些未注明日期的藏书票，上面有一些非常著名的女性名字。我们挑选的这些无日期的藏书票中一部分具有值得关注的艺术价值，另一部分则是因为某些特殊的特点。

庞弗雷特伯爵夫人的藏书票上可以看到一些非常漂亮的装饰性纹章，其中最引人注目的是一张十分奇特的大藏书票。这张藏书票中间是靠在一起的两个盾徽，左右两侧各有一只狮子扶着，其中一只头戴王冠，图案顶部是一顶硕大的王冠，下面的丝带上写着格言，最下面还有一段文字："庞弗雷特伯爵夫人亨利埃塔·路易莎·杰弗里斯（Henrietta Luisa Jeffreys），卡洛琳王后的宫廷女官"，藏书票上没有注明日期（见第067页）。这位宫廷贵妇是声名狼藉的大法官乔治·杰弗里斯（George Jeffreys）的孙女和继承人，她的父亲是第二代也是最后一代杰弗里斯男爵，这个爵位是残酷镇压蒙茅斯（Monmouth）公爵叛乱的奖励，丝毫也不光彩，自然也难以长久维持。亨利埃塔·路易莎·杰弗里斯的父亲死后，杰弗里斯男爵的爵位便不存在了，她继承了父亲的财产，后来嫁给第一代庞弗雷特伯爵，成了伯爵夫人。她有三张值得注意的藏书票，其中标注年份为1733年的那一张和这张大藏书票非常类似，格言和下面的文字都是一样的，只有盾徽有明显区别，1733年的那张上面是两只狮子扶着一个盾徽，而大藏书票正中间是两个盾徽。她作为宫廷女官的生涯结束于1737年，因此这张没有日期的精美藏书票应该是在1733年至1737年这四年间制作的。

庞弗雷特伯爵夫人的藏书票

乔安娜·休伊什的藏书票别具一格，非常有趣，图案是取自《圣经》里的题材。这是一幅木版画，艺术手法粗糙，而且风格有些怪诞，显然是很早期的木刻作品。中间的名字使用的是普通字体，旁边的图画着实难以恭维，显示的应该是作者强大的想象力，而不是绘画功力。第一幅图画是两个吹喇叭的天使正从一个帐篷里出来，还有两个仙子拉着丝带盘旋在画面上方，丝带上写着“为彼此祷告”和“虔诚祷告”这两句格言。第二幅图描绘的是耶稣在客西马尼被犹大出卖的图画，上面写着“永远祈祷”。第三幅图画是最后的晚餐，上面写着耶稣当时所说的“拿去吃”。抹大拉的玛利亚也在其中，她在往耶稣脚上抹油。旁边还有一幅撒该趴在桑树上的图画，写着：“看呀！我将我所得的一半给穷人。”拉撒路是最后一个小插图的主题，画面中有狗，天使从天上照顾他。在左边的角落里有一个沙漏，里面沙子几乎都已经漏下来了，这显然是在喟叹光阴乃百代过客的道理。从浓烈的宗教风格来看，这张藏书票的主人乔安娜·休伊什一定是位虔诚的清教徒，但是很遗憾，关于这位女士和她的藏书我们基本上一无所知。

我们还知道一张代表宗教热忱的藏书票，它见证了肯特郡一个古老贵族家族的消亡，因为它的女主人玛丽·芭芭拉·黑尔斯（Mary Barbara Hales）是黑尔斯家族最后一位男爵的唯一子女，黑尔斯家族至此绝嗣，后来她加入了罗马天主教会，还把自己家族的庄园变成了一所女修道院。她的这张藏书票上面是一个圆形图案，中间是怀抱圣婴的圣母，周围有一圈文字，写着“圣母保佑我”；下面的丝带上写着玛丽·芭芭拉·黑尔斯的名字，这个丝带与其他藏书票有明显不同，不是那种起伏飘舞的样子，而是整齐地拉直（见第070页）。

哥特小说的鼻祖——第四代奥福德伯爵霍勒斯·沃波尔（Horace Walpole，Earl of Orford）的名字常常与遥远的往事联系在一起，有资料记载他曾在1763年前往德雷顿拜访马尔伯勒公爵夫人莎拉（Sarah, Duchess of Marlborough）的闺中密友伊丽莎白·杰曼（Elizabeth Germain）女士，欣赏她收藏的古玩。当我们想到伊丽莎白·杰曼女士与马尔伯勒公

玛丽·芭芭拉·黑尔斯的藏书票

爵夫人莎拉（1660—1744）是亲密朋友时，就很难意识到她与沃波尔这位愤世嫉俗的草莓山庄庄主也是相识，而沃波尔的两位“双生花妻子”一直活到了19世纪中叶。伊丽莎白·杰曼女士有一张风格非常优雅高贵的藏书票，是在她孀居之后设计的，她的丈夫于1718年去世。这张藏书票中间是一个菱形，两个家族纹章一左一右合在一起，周围是一个代表寡妇身份的绳结，整个图案的背景是密集的影线，对于这张精美漂亮的纹章藏书票来说，整体色调显得过于灰暗和沉重了一点（见第072页）。

玛丽·贝里有一张小藏书票，我们可以从上面获得许多信息。图案的主题是草莓和叶子，应该是在呼应上方的格言“果实生于叶间”，选择草莓有可能是在暗示她的家是草莓山庄或是在幽默地指代她的姓氏，因为“Berry”的意思就是莓果（见第073页）。

若不是因为人们记得布莱辛顿（Blessington）女士在肯辛顿戈尔的优雅宅邸，以及用她那美丽的双手为模制成的大理石和象牙的人手模型，这张朴素而含蓄的藏书票很可能被我们忽视。布莱辛顿女士可能是

伊丽莎白 · 杰曼女士的藏书票

玛丽·贝里的藏书票

最早的手模，她藏书票上的图案就是她自己那双美丽的手以及名字缩写。

斯莱戈侯爵夫人的藏书票十分简洁，上面只写着她的名字路易莎·凯瑟琳·斯莱戈（Louisa Catherine Sligo）。与这种极简品位形成鲜明对比的是牛津伯爵夫人亨利埃塔的藏书票（见第075页）。这张藏书票上精致而复杂的图画特别引人入胜，完美地展现了这位伯爵夫人的高雅品位和著名艺术家乔治·弗图（George Vertue）作品的所有魅力。乔治·弗图是18世纪英国非常优秀的版画家之一，著名的莎士比亚《第一对开本》（*The First Folio*）里的版画就是他的杰作。哈代先生对这张藏书票赞美有加，为我们留下了这样的评论：

> 这张藏书票描绘的是布兰普顿或威尔贝克的图书馆，后者的可能性更大，因为威尔贝克图书馆是牛津伯爵夫人亨利埃塔继承的遗产。画面中央是两侧立着科林斯式圆柱的一扇门，门帘被掀开，从门里向外望去，可以看到一座乡村

牛津伯爵夫人亨利埃塔的藏书票，乔治·弗图设计

别墅。这座别墅坐落在一个精美的庭院里，一条小河蜿蜒而过，上面有一座漂亮的三拱桥，风景美不胜收，但最引人注目的应该还是图书馆里面的景象。最突出的人物是画面中间的雅典娜女神，她穿着罗马式凉鞋，戴着头盔，右手拿着书卷，自然下垂，左手指着画板，正在忙于给六个小天使上课，小天使们听得津津有味。其中一个正在画画，左手拿着调色板，右手拿着画笔，雅典娜正在指点他的画作，应该是在告诉他如何补救失误，这个小天使一脸认真的表情，但又有些似懂非懂的样子，十分传神。最左边的小天使在弹奏竖琴，他旁边的小天使手拿画板正在临摹，还有一个在他身边一起讨论。画面右下方是两个正在编织彩带的小天使。画面顶端还有两个丘比特，一左一右扶着上面有伯爵夫人名字缩写的徽章，最上面是一个瓮，旁边是垂下的葡萄。最下面是粗体艺术字体的“牛津和莫蒂默”，还有一段文字似乎是伯爵夫人的亲笔，写的是“亨利埃塔·卡文迪什·霍利斯（Henrietta Cavendish

Holles），拜主所赐，1734年”。整个画面极具美感，就是一幅难得的艺术品。

牛津伯爵夫人亨利埃塔·卡文迪什·霍利斯是一位虔诚的基督徒，每一本书上几乎都写着“拜主所赐”。她是纽卡斯尔公爵约翰·霍利斯（John Holles）的女儿和唯一继承人，其继承的财产包括大片土地以及威尔贝克修道院和图书馆。1713年她与牛津和莫蒂默伯爵爱德华·哈利（Edward Harley）结婚。爱德华·哈利是一位风度翩翩的贵族绅士，也是一位杰出的古文物学家和作家，他花费大量时间完成了著名的哈利父子藏书。他与乔治·弗图交往甚密，1741年他去世之后，乔治·弗图便失去了一位最热情、最慷慨的朋友和赞助人。

我们注意到，除了在现代，女士藏书票上几乎看不到任何著名设计师的签名，但可以肯定，过去的女士藏书票中必然也有不少是出自名家之手。例如，索菲娅·佩恩（Sophia Penn）的藏书票上并没有R.芒廷（R. Mountaine）的签名或名字缩写，但我们很容易看出R.芒廷独特的个人风格（见第079页）。他经常使用一种独特的装饰图案，这是一种将齐彭代尔风格的鲜花丝带和传统风格的花环鲜花结合在一起的蔓藤花纹，展现出他别具一格的艺术特点。博林布鲁克（Bolingbroke）子爵的女儿亨利埃塔·奈特（Henidetta Knight）有一张著名的藏书票，是詹姆斯一世时期风格的典型代表，上面写着“托马斯·沃利奇（Thomas Worledge）创作”。这张藏书票画着鱼鳞纹的边框，中间是两个依附在一起的椭圆形盾徽，下面是写着亨利埃塔·奈特名字的丝带，整体风格十分鲜明（见第080页）。德克尔（Decker）小姐有一张齐彭代尔风格的藏书票，令人过目难忘，其侧倾角度的构图和整体图案都展现出作者独特的艺术视角。这张藏书票上没有主人的名字，只有左下角写着“M.达利雕刻”的字样（见第081页）。

著名雕版师F.巴尔托洛齐有四张藏书票作品传世，我们之前介绍过其中两张，另外两张分别属于索菲娅·梅里克·霍尔（Sophia Merrick Hoare）和卡伦德（Callender）小姐。索菲娅·梅里克·霍尔的藏书票

索菲娅·佩恩的藏书票

亨利埃塔·奈特的藏书票，沃利奇创作

德克尔小姐的藏书票，M. 达利雕刻

描绘的是一个图书馆里的场景。还有一位名叫弗朗西斯·安·霍尔的夫人，她的夫姓也是霍尔，这两个霍尔的藏书票不应该混淆，对此，我们可以从弗朗西斯·安·霍尔夫人的娘家姓氏“阿克兰”（Acland）来分辨。弗朗西斯·安·霍尔夫人的藏书票是一幅人像画：一位女士身着古典服饰，坐在椅子上看书，她的左手放在打开的书页上；对面是她自己的半身像，放在一个高高的底座上；巨大的窗帘从上面垂下褶皱，整个画面非常有美感。弗朗西斯·安·霍尔夫人是著名的古董商理查德·科尔特·霍尔（Richard Colt Hoare）的继母。此外，还有第三个姓霍尔的女士，她是朱莉·露西·霍尔（July Lucy Hoare）。她的藏书票风格简洁，只有一个纹章和一句格言。卡伦德小姐的藏书票上可以看到F.巴尔托洛齐的签名，写的是“F.巴尔托洛齐创作于英格兰布莱斯”。

著名的版画艺术家托马斯·比尤伊克（Thomas Bewick）为我们展示了一种完全不同的藏书票风格，但令人遗憾的是，这位后来被誉为“木刻艺术之父”的艺术家几乎没有得到当时女士们的垂青。简·休伊特（Jane Hewitt）很幸运地让托马斯·比尤伊克为自己设计了藏书票。这张藏书票的日期是1800年4月2日，描绘的是宁静的河畔风景，远处有一辆四轮马车。奥斯丁是托马斯·比尤伊克的学生，他对老师的风格推崇备至，并始终严格遵循。他在1825年为安·希尔（Ann Hill）设计了一张藏书票，上面是一个坐着的人将写着安·希尔名字的帷幔挂在一棵古老的大树上，身边有一个带图案的盾牌；画面左边是一个磨坊和风车，右边是一个远处的港口和船只（见第084页）。玛丽·斯梅克（Mary Smirke）的藏书票十分别致，画面中最显眼的是一块光滑的峭壁岩石，上面写着她的名字。玛丽·斯梅克曾在1818年翻译出版过小说《堂·吉诃德》，她的父亲罗伯特·斯梅克（Robert Smirke）为这本书创作了一系列精美的图，据说出版这个版本主要就是为了让读者们欣赏他的插图（见第085页）。玛丽·斯梅克的这张十分别致的藏书票应该就是出自他父亲之手。亨廷顿伯爵夫人塞琳娜有一张藏书票，虽然没有什么艺术性，但心形边框内的菱形纹章值得我们注意（见第086页）。尽管

安·希尔女士的藏书票，奥斯丁创作

玛丽·斯梅克的藏书票

亨廷顿伯爵夫人塞琳娜的藏书票

这位高贵的夫人堪称一位宗教学者，但她的艺术品位确实还有待提高，这张藏书票可以说是很少见的难看作品，几乎可以用拙劣来形容，恐怕只有1832年惠特比（Whitby）夫人的那张藏书票比它更难看，惠特比夫人的藏书票是公认的最糟糕的一张。亨廷顿伯爵夫人塞琳娜是费勒斯（Ferrers）伯爵的女儿和继承人，她的丈夫是第九代亨廷顿伯爵，她对宗教的虔诚和宗教学术的热忱备受称赞。著名的传教士乔治·怀特菲尔德（George Whitefield）曾获得过她的慷慨赞助，乔治·怀特菲尔德死后，他的追随者甚至被称为“亨廷顿伯爵夫人联盟”。她还将大部分财产捐给慈善事业，并创办了许多学校和学院。

在英国，代表寡妇身份的绳结不会用情人结上面的那种细绳和珠子装饰，而是类似于法国传统已婚女士家族纹章周围的较粗的绳索，风格简洁朴素。夏洛特·施赖伯（Charlotte Schreiber）女士的藏书票是少数几个带有细绳结的例子之一，收藏在大英博物馆。这张藏书票中间是一个呈椭圆形的盾徽，纵向分为三个部分，中间部分又纵横分为四块，对角分别是攻城锤和厄斯比的威洛比家族（Willoughby）的斜纹图案；左边部分是代表娘家身份的盾形纹章；右边是施赖伯家族的狮鹫纹章。整张藏书票没有色彩，除了下方写着“夏洛特·施赖伯女士”之外没有其他文字（见第089页）。夏洛特·施赖伯女士是第九代林赛伯爵（Earl of Lindsey）的女儿，第一次婚姻嫁给了道勒斯的约西亚·约翰·格斯特（Josiah John Guest of Dowlais）爵士，丈夫1852年去世后，她在1855年嫁给了第二任丈夫查尔斯·施赖伯（Charles Schreiber）。1884年施赖伯先生去世，11年后，夏洛特·施赖伯女士也去世了，享年82岁。她是一位博学多才的聪明女性，见识极广，曾孜孜不倦地研究古文物，翻译过著名的威尔士民间故事集《马比诺吉昂》（*Mabinogion*），还增加了学术水平相当高的注释。她的各种收藏都是为了展示英格兰一直追求的装饰艺术。她将瓷器藏品捐赠给了南肯辛顿博物馆，将英国扇子藏品捐赠给了大英博物馆。1889年至1890年，她专门出版了一本图册，让人们欣赏这些扇子和一些外国扇子上的精美画作，以及她收藏的一些英国和其他国家扑克牌上的绘画。

夏洛特·施赖伯女士的藏书票

夏洛特·施赖伯女士结婚之前用的是另一张藏书票，上面是非常漂亮的几何图案，隔开的空间里是精致的盾徽和风格不同的姓名缩写字母。

戈登公爵夫人亨利埃塔（Henrietta, Duchess of Gordon）的藏书票上是被绳结围绕的菱形盾徽，上面有一顶很大的王冠。与夏洛特·施赖伯女士的藏书票上的绳结不同的是，这个图案中的绳结只有些许缠绕，并没有打结，将戈登公爵夫人亨利埃塔的菱形盾徽围在中间（见第091页）。另一个表示寡妇身份的例子是夏洛特·芬奇（Charlotte Finch）女士的藏书票（见第092页）。她的父亲是第一代庞弗雷特伯爵托马斯（Thomas, first Earl of Pomfret），母亲是庞弗雷特伯爵夫人亨利埃塔·路易莎·杰弗里斯，我们前面介绍过她有一张精美的大藏书票。1726年，夏洛特·芬奇女士嫁给了第六代温奇尔西伯爵（Earl of Winchilsea）的次子威廉·芬奇（William Finch）阁下，他是瑞典宫廷特使，夏洛特·芬奇是他的第二任妻子。夏洛特·芬奇女士于1813年去世，她的儿子继承了温奇尔西伯爵爵位。这张藏书票上也是一个被

戈登公爵夫人亨利埃塔的藏书票

夏洛特・芬奇女士的藏书票

象征寡妇身份的绳结围绕的菱形盾徽，肯定是在她丈夫威廉·芬奇1766年去世之后制作的，是一张非常稀有的藏书票。乔安娜·科克（Johanna Cock）的藏书票同样是一个被象征寡妇身份的绳结围绕的菱形盾徽，下方的丝带上写着她的名字，丝带两端各站着一只公鸡。这个设计十分有趣，很可能代表她的姓氏，因为在英语里“公鸡”和她的姓氏“科克”是同一个词（Cock）（见第094页）。

伊丽莎白·帕尔默（Elizabeth Palmer）藏书票上的龙形图案是最受欢迎的齐彭代尔风格装饰图案（见第095页）。凯瑟琳·蒂斯特尔斯维特（Catherine Thistlethwayte）藏书票上的龙形图案则采用了中国风格（见第096页）。这种龙形图案一度非常流行，中间的菱形边框明显具有东方韵味，最上面是一座佛教的宝塔。伊丽莎白·史密斯（Elizabeth Smith）也有一张齐彭代尔风格的藏书票，上面的装饰更为精致，盾徽两边加上了小男孩和绵羊的图案（见第097页）。洛姆（Lombe）女士的藏书票展示了一幅极为漂亮的画面，中间是精美的齐彭代尔风格的菱形盾

乔安娜·科克的藏书票

伊丽莎白・帕尔默的藏书票

凯瑟琳·蒂斯特尔斯维特的藏书票

伊丽莎白·史密斯女士的藏书票，上面有小男孩、绵羊和大捆货包

徽，周围是美丽的风景，前景是带有波浪的流水，河岸上长着茂密的植物（见第099页）。

藏书票上的花环和丝带的样式多种多样，玛丽·霍纳（Mary Horner）的精美藏书票就是一个很好的例子，其菱形盾徽的周围装饰着带有丝带和绳结的花环（见第100页）。沃尔斯利（Wolseley）小姐的藏书票也是类似的风格。伊丽莎白·布拉德伯恩（Elizabeth Bradburne）的藏书票清新脱俗，菱形边框像珍珠项链一样，挂在上方的绳结上，简洁的风格让人眼前一亮（见第101页）。阿梅利亚·达利（Amelia Darley）的藏书票是一个斜挂在树上的盾徽，顶上是一个独角兽，看起来颇有挑战的意味，呼应着下方写的家族格言“敢于挑战”（见第102页）。从各个方面来看，这都像是一张男士藏书票上的纹章。阿拉贝拉·沃森（Arabella Watson）有三张尺寸不同的藏书票，上面都是一个悬在丝带结上的风格简洁的盾徽（见第103页）。在使用悬挂盾徽图案的藏书票中，纳皮耶（Napier）夫人的藏书票是一个很好的现代藏书票范例（见第104页）。

洛姆女士的藏书票

玛丽·霍纳女士的藏书票

伊丽莎白·布拉德伯恩的藏书票

阿梅利亚·达利的藏书票

阿拉贝拉·沃森的藏书票

纳皮耶夫人的藏书票

来自波尔沃思勋爵家族（Polwarth）的玛丽·莉莉亚斯·司各特（Mary Lillias Scott）小姐有一张非常漂亮的詹姆斯一世时期风格的藏书票，两个正在照镜子的美人鱼扶着中间的盾徽，上面是一个头盔，还有一个女性人像站在头盔上（见第106页）。这个女性人像的穿着是詹姆斯一世时期风格藏书票上的女性形象非常流行的服饰，如果我们不知道这个图案原本就是波尔沃思勋爵的家族纹章的话，很可能会误以为玛丽·莉莉亚斯·司各特小姐将她自己的形象加入藏书票了。安·诺思（Ann North）的藏书票是同时期由S. 格里伯兰（S. Gribelin）设计的佳作，菱形盾徽周围是丰饶的植物叶茎，上面是一个微笑的小天使和玫瑰花冠（见第107页）。亨索尔男爵夫人玛丽·塔尔伯特（Mary，Baroness Talbot of Hensol）的藏书票上中间是一个盾徽，左右各有一只扶着盾徽的猎犬，上面是一顶冠冕，整个图案像是一个打开的卷轴，上面像窗帘一样折起，下面像羊皮纸一样卷着（见第108页）。她的丈夫第二代塔尔伯特男爵是国王乔治三世的管家，1761年被册封为伯爵，于是玛丽·塔尔伯特

玛丽·莉莉亚斯·司各特小姐的藏书票

安·诺思的藏书票

玛丽·塔尔伯特伯爵夫人的藏书票

男爵夫人也成了伯爵夫人，然后她以这个新的身份制作了另一张齐彭代尔风格的藏书票。

本章专门介绍没有日期的藏书票，但或许我们应该在这里介绍一张注有日期的藏书票，不少权威人士都提到过这一张。这是弗朗西斯·伯勒斯（Frances Burroughs）夫人的藏书票，尺寸大小与康布里奇夫人的藏书票一样，高15英寸、长11.25英寸。中间是一个菱形边框，里面是家族纹章，旁边有精美的花边装饰，纹章下面是一个小天使。藏书票上有一段文字——“殁于1767年5月5日，享年76岁”，似乎是手写添加上去的。

最小的菱形盾徽藏书票应该是S. L. 斯基（S. L. Skey）的藏书票，我们之前介绍过（见第110页）。汤森德家族（Townshend）的藏书票是人们最熟悉的詹姆斯一世时期风格的藏书票，这里就不赘述了。

许多贵族都喜欢一种特别简洁的藏书票风格，这种藏书票通常只有两个部分：上面是冠冕或家族纹章，下面是名字缩写。韦鲁勒姆（Verulam）伯爵夫人的藏书票就是在名字缩写“C. V”上面加一顶冠冕，

S. L. 斯基的藏书票

字母使用的是一种艺术字体，罗登（Roden）女士的藏书票也是如此。布尔德特-库茨（Burdett-Coutts）男爵夫人的藏书票上是一个家族纹章，中间是菱形盾徽，上面有一顶冠冕，下面写着她名字的缩写（见第112页）。安妮·默里（Anne Murray）女士的藏书票上是两个很大的名字缩写字母，背景是一片花丛（见第113页）。小伊丽莎白·林（Elizabeth Ring Junr）的藏书票十分别致，“小伊丽莎白·林，布里斯托”的字样写在一个丝带卷轴上，后面有一些简洁的枝叶装饰（见第114页）。小伊丽莎白·林的几位家族成员的藏书票也是同样的设计，包括布里斯托的索菲娅·林（Sophia Ring）、伍斯特的丽贝卡·林（Rebecca Ring）、布里斯托的丽贝卡·林（Rebecca Ring）等几位女士。伊丽莎白·史密斯的藏书票像是一张名片，长方形的画框里只写着她的名字，画框周围缠绕着叶茎装饰，上面的中间有一个家族徽章（见第115页）。伊丽莎白·奥贝（Elizabeth Obee）的藏书票则更像名片，两层小百合花图案组成的长方形边框里用朴素的印刷字体写着“伊丽莎白·奥贝的藏书”（见第116页）。

布尔德特-库茨男爵夫人结婚前使用的藏书票

安妮·默里女士的藏书票

小伊丽莎白·林女士的藏书票

伊丽莎白·史密斯的藏书票

伊丽莎白·奥贝的藏书票

这张藏书票上组成边框的法国百合花图案很值得注意，可能是排版工人作为标点符号的一种小图案，在这张藏书票上代替字母组成的边框，用环绕的字母组成边框曾经是非常流行的藏书票装饰方式。有时候逗号、分号、句号、冒号等标点符号也会被这种小图案代替。达尔比伯爵夫人爱丽丝有一张特别简单的藏书票，这张年份很早的藏书票上只写着她的名字，没有任何装饰，也没有日期。格拉西拉·博丁顿（Gracilla Boddington）的藏书票上是海军风格的图案，这种风格在女性藏书票上十分罕见，她为什么选择这样的风格我们不得而知（见第119页）。

伊丽莎白·卡特（Elizabeth Carter）夫人、莫顿（Morton）夫人和詹姆森（Jameson）夫人都是非常著名的知识女性。伊丽莎白·卡特夫人生于1717年，她的父亲是迪尔的一位德高望重的牧师。伊丽莎白·卡特夫人是一位著名的古典学者，她翻译的爱比克泰德（Epictetus）的著作备受称赞。伊丽莎白·卡特夫人是约翰逊博士、约书亚·雷诺兹爵士（Joshua Reynolds）等学术界名流的好朋友，也是

维鲁伯爵夫人的藏书票

格拉西拉·博丁顿的藏书票

斯宾塞家族奥尔索普庄园的座上宾，据说有一段时间她还当过斯宾塞夫人的女儿亨利埃塔·弗朗西斯的家庭教师。她的侄子，著名的牧师蒙塔古·彭宁顿（Montagu Pennington）为她撰写了回忆录。伊丽莎白·卡特夫人的藏书票中间是一幅椭圆形的图画，描绘的是一只栖在树上的猫头鹰；椭圆形的边框是一条丝带，上面写着“向上帝祈求”，周围有枝叶装饰，下面写着“E. 卡特，肯特郡，迪尔”（见第121页）。她的朋友斯宾塞夫人有两张藏书票，上面都是菱形盾徽和一顶冠冕，但都没有署名。莫顿夫人是一位著名作家，她写的《苏格兰玛丽女王生平》（*Life of Mary Queen of Scots*）是一部很有影响力的作品。她的藏书票风格独特，下方是一个发出光芒的调色板，上面写着“M. A. 莫顿，谢菲尔德”，画面上方是一个在空中飞翔的小天使，双手举着一个花篮（见第122页）。詹姆森夫人也是一位著名的作家，作品颇丰，她的《宗教和传奇的艺术》（*Sacred and Legendary Art*）具有相当高的学术水平。她不仅写了许多艺术方面的著作，还写了不少关于女性社会地位和社会特征

伊丽莎白·卡特夫人的藏书票

莫顿夫人的藏书票

的文章。詹姆森夫人的藏书票风格十分优雅，上面是一位美丽的女性倚在垂着枝叶的棕榈树下观看一本摊开的大书，远处是两座金字塔，画面的空白处写着“安娜·詹姆森”（见第124页）。

弗朗西斯·马格丽·赫克斯特（Frances Margery Hext）的藏书票装饰非常精致，很好地展现了现代纹章藏书票的风格（见第125页）。

关于学院和大学的藏书票也值得关注，我们不妨以此作为本章的结尾。牛津大学萨默维尔学堂的藏书票是由著名艺术家埃拉特·哈里森（Erat Harrison）根据首任女校长肖·勒费夫尔（Shaw Lefevre）小姐和学院学生委员会的设计创作的作品，展现出了他鲜明的艺术风格特点。画面精致而复杂，右边是象征智慧的巨蛇盘绕在野蔷薇上；左上角是雅典娜的猫头鹰，它张开双翅，似乎受到了惊吓，左下角有一只鸽子，一个丝带卷轴从它身上开始展开，画面中间是一个斜放着的盾徽（见第126页）。后来当“萨默维尔学堂”变成“萨默维尔学院”时，校董会决定采用萨默维尔家族的徽章作为校徽，学生们还希望将这个

詹姆森夫人的藏书票

弗朗西斯·马格丽·赫克斯特的藏书票

牛津大学萨默维尔学堂的藏书票，埃拉特·哈里森作品

新的校徽也印在藏书票上。校董会和图书馆委员会都同意了这一要求，对图书馆特别重视的约克·鲍威尔（York Powell）教授设计了萨默维尔学院新的藏书票。

剑桥大学纽纳姆学院的藏书票有四种，但是都没有什么艺术价值，只是简单地用文字介绍了这个成立于1871年的女子学院。

剑桥大学格顿学院的藏书票是一幅纺锤形的图画，描绘的是学院的塔楼，周围带花边的边框上写着“格顿学院”，边框下面有一个签名，写的是“哈里·索恩，伦敦”（见第128页）。伦敦大学皇家霍洛威学院是位于伦敦萨里郡中部的一座宽敞建筑，离弗吉尼亚湖不远，拥有一座很大的图书馆，珍贵的图书非常多。这所学院的藏书票是一个圆形徽章，外围边框上写着“众生皆在伟大的上帝面前”（见第129页）。

伦敦女王学院图书馆的藏书票是著名艺术家托马斯·莫林（Thomas Moring）的作品，这是一张风格简洁的藏书票，图案中间是字母“V. R”，上面有

剑桥大学格顿学院的藏书票

伦敦大学皇家霍洛威学院的藏书票

一顶王冠，底部写着“捐赠人——”的字样，这是为图书捐赠者留下的签名位置。关于女子学院的藏书票，没必要再做更多介绍。大多数女子学院的藏书票在很大程度上不是为了装饰，而是为了实用，但由于将这两种特点完美地结合在一起是有可能做到的事，随着女性学习场所的增加以及现有图书馆的发展和进步，人们无疑会更多地考虑选择既实用又有艺术性的藏书票。正如维克多·雨果的名言：“实用就是实用，美感就是美感，如果能兼具实用和美感，那就是一种崇高的升华。”

第四章　女性的纹章

尽管纹章的历史源远流长，英国王室很早就设有专司宗谱纹章的官员，专门以纹章为研究对象的纹章学由来已久，但关于纹章的起源却找不到任何明确的记载。不过毫无疑问，当雅典娜女神将美杜莎的头安在自己的盾牌上时，她就设立了自己的纹章。雅典娜开此先河之后，这种习惯很快在希腊英雄中传播开来，如尤利西斯将海豚作为他的纹章图案。在一些古代的彩绘花瓶上，我们可以看到古希腊战士的盾牌和胸甲上画着一些图案，有一位古希腊女战士的盾牌上画着一只双耳大酒杯，她的胸甲上装饰着一头狮子的图案。我们应该这么说，纹章这种习惯始于雅典娜，然后广泛流传，在罗马军团中盛行，每个军团都有自己专属的徽章，士兵的盾牌上也有独特的图案；许多贝叶挂毯上的法兰克士兵和诺曼骑士的圆盾上也有纹章；到了骑士时代，几乎所有的贵族家族和骑士都有自己的纹章；我们今天的马车面板、银质汤匙和藏书票上面的图案其实都是纹章的延续。因此，美杜莎的头应该就是最早的纹章，而智慧女神雅典娜应该就是纹章学的鼻祖。

古希腊女战士使用一种轻盾，《埃涅阿斯纪》中曾提到过这种盾牌，呈新月形，通常用兽皮覆盖。我们今天可以在一些女士藏书票上看到这种形状的盾牌，有时还有关于这种盾牌的说明。今天的纹章学算是一门显学，其历史至少可以追溯到十字军东征的时代，而家族世袭的纹章最早应出现在12世纪。历史告诉我们，圣女贞德并不是骑着战马顶盔掼甲奔赴沙场的唯一女性。阿基坦女公爵埃莉诺拥有自己的阿基坦骑士团，她曾与丈夫法国国王路易七世一起参加了第二次十字军东征，并在小亚细亚带领先锋部队。埃莉诺在战场上英姿飒爽，周围簇拥着一群漂亮的女骑士，毫无疑问，这位阿基坦骑士团的女首领和她的女骑士们都像其他十字军一样，举着绘有独特图案的军旗，拿着带有独特纹章的盾牌。当她与路易七世离婚、成为英格兰国王亨利二世的王后时，仍然对奢华和浪漫情有独钟。许多骑士故事和吟游诗人的诗歌里都有关于这位美丽又多才多艺的女公爵埃莉诺征战沙场的事迹。

从纹章学的角度来看，女士的纹章藏书票有时候也会出现错误。出现这些错误的原因，要么是单纯对纹章规则的不了解，要么就是漠视和不尊重使用纹章的要求，也有纯粹是考虑经济情况，如为了节约成本直接使用已有的印版或现成的图案来设计。男士藏书票和女士藏书票在一些非常重要的方面应该是很不一样的。没有出嫁的姑娘会把父亲的家族纹章放在菱形边框里，已婚的夫人则会把父亲的家族纹章和丈夫的家族纹章一起放在盾牌上，如果这位夫人是女继承人，她的丈夫也会把代表她继承的爵位的家族纹章放在自己的盾徽上。寡妇使用纹章的规则也是一样的，但是要使用菱形边框而不是盾牌。这些都是使用纹章的基本规则。根据传统，女性在任何情况下都无权使用男性纹章上的冠饰、头盔、腰饰、披风等元素，尽管如此，这些特殊的男性纹章元素还是经常与女性的名字一起出现在藏书票上。

一个男人如果结两次婚，他可以在盾徽上把自己的家族纹章放在中间，第一任妻子和第二任妻子的家族纹章分别放在左右，或者将盾徽一分为二，一边是自己的家族纹章，另一边将第一任妻子和第二任妻子的家族纹章上下放置。吉利姆（Guillim）有三位妻子，他的纹章就是在盾徽左侧将三位妻子的家族纹章依次从上至下排列。杰维斯·克里夫顿（Gervase Clifton）爵士有七位妻子，据说他的盾徽是这样安排的——克里夫顿家族的纹章在正中间，第一位至第四位妻子的家族纹章在盾徽右侧从上至下按顺序排列，第五、六、七位妻子的家族纹章放在盾徽左侧，这是有具体记载的事情，不过也有人质疑这些记录的真实性。一些纹章学专家认为，如果一位女性结过两次婚，就应该将父亲的家族纹章放在中间，第一任丈夫的家族纹章放在盾徽右侧，第二任丈夫的家族纹章放在盾徽左侧。鲍特尔（Boutell）在他写的《英国纹章学》（*English Armoury*）一书中郑重地提到过关于寡妇再婚的情况：“如果一位寡妇再婚，就应该停止使用前夫的家族纹章，但如果前夫是一位有爵位的贵族，那她就应该继续同时使用父亲的家族纹章和前夫的家族纹章，不过必须改成菱形边框而不是原来的盾徽，然后将父亲的家族纹章和现任丈夫的家族纹章放在一个新的盾徽上，菱形纹章和新的盾徽应该放在一起，但是代表现任丈夫的新盾徽享有优先地位。”

高级教士和他们妻子的纹章装饰更加精致，他们会将代表所属教区的纹章放在更尊贵的盾徽右边的位置，各自的家族纹章则放在盾徽左边，这是为了表明他们的婚姻不仅是男女结婚，更是一种宗教意义上的结合。已婚高级教士的盾徽通常是两个依附在一起的盾牌：第一个盾牌上是代表所属教区的纹章和大主教或主教的纹章，第二个盾牌上是大主教或主教的纹章和自己及妻子的家族纹章。如果妻子活得比丈夫久，作为高级教士的遗孀仍然有继续使用大主教或主教纹章的权利。我们可以看到，令人尊敬的安塞尔姆（Anselm）神父去世之后，他的遗孀的纹章中间是一个菱形边框，背景是黑色，很容易让人联想到葬礼上的菱形丧徽。这种奇特的丧葬纪念物现在已经很少见到了，这对研究纹章学的学者具有非常特别的吸引力。当传统的哀悼标志出现在一个老城镇旧式宅邸大门的门楣上时，人们都会驻足审视，死者纹章周围黑色的背景上通常都写着关于死者的生平简介。国王和王后的盾徽上通常也有两个盾牌，这一点与高级教士一样，王后的纹章和国王的纹章分别放在两个盾牌上。著名的嘉德骑士团、巴斯骑士团、蓟花骑士团以及其他一些骑士团骑士成员和他们妻子的盾徽也遵循这样的规则：右边的盾徽是丈夫的家族纹章和骑士团的徽章，左边是妻子的家族纹章，两个盾牌依附在一起，左右通常各有一个扶持盾牌的人物或动物。

已婚女士有权将任何能为丈夫增辉的元素用在自己的纹章上，如果丈夫有权在纹章上使用冠冕和扶持盾牌者，那么妻子的藏书票上也可以有这些元素。女性贵族也有权在纹章上使用自己专属的冠冕和扶持盾牌者，这样的女性嫁给另一位男贵族之后，会在纹章中完整地表现自己家族和丈夫家族的纹章，菱形边框、盾徽和各自家族特有的元素会组成一个整体，贵族等级更高的一方将占据更尊贵的位置。如果女性贵族嫁给了男性平民，她也不会失去代表自己尊贵身份的各种纹章标志，但丈夫则无权使用这些属于贵族的纹章元素。这样一来，双方的家族纹章就很难合并在一个盾徽上了，因此通常各自放在一个盾牌上，并在一起的两个盾徽可以加上与主人身份相称的装饰，平民身份的丈夫只能使用普通的头盔、花环、徽章等元素，贵族身份的妻子则有权使用父亲的家族纹章以及冠冕和扶持盾牌者，不过丈夫也可以将妻子的整个纹章放在自己的盾牌上。

在骑士比武竞技的时代，使用纹章装饰的不仅仅是骑士和他们的扈从，许多女性的服饰上也经常会出现她们的领主或父亲家族的纹章。一些带有插图的早期手稿和家谱以及彩色玻璃窗和黄铜纪念牌上的图案都表明当时的女士服饰上有纹章装饰，这些记录证明纹章已经成为当时特定的女性人群服饰的一部分。已婚女性或孀居寡妇的外裙上会有父亲的家族纹章刺绣，用于出门外穿的更昂贵的斗篷上则会绣着丈夫的家族纹章。一些插图上还有丈夫和妻子同时出现的情况，这时候妻子通常不穿披风，而是穿着带有父亲家族纹章刺绣的外裙，丈夫则通常身披链甲，披风上是很大的完整的家族纹章图案。在一些年份较晚的铜牌和铜饰上，女性人物身上的纹章位置有所不同：丈夫的家族纹章绣在披风外面，通常在右肩上方的位置；父亲的家族纹章则在披风内衬上。

根据沃拉斯顿·弗兰克斯（Wollaston Franks）爵士的研究，我们知道在较早的时期，也就是安妮女王时期及之前，一些女士藏书票会分两批印刷：第一批只写上女性的名字，第二批则会改成丈夫的名字，以供丈夫使用，这样的例子可以找到好几个。藏书票上只有家族纹章和姓氏但没有名字的情况并不少见，在这种风格简洁的藏书票上，家族成员无论男女都可以用手写的方式加上自己的受洗教名以供个人使用。威利斯家族（Willis）的藏书票就是这种情况，这是一张典型的齐彭代尔风格的藏书票，上面是带有威利斯家族纹章的盾徽，非常朴实，没有任何别的徽章或格言（见第139页）。达尔顿家族的藏书票上也只有姓

只写姓氏不写名字的藏书票

氏没有名字，下面有手写的“简，1810”字样。我们还知道另一位简·达尔顿（Jane Dalton）的藏书票，她终生未婚，家族纹章属于另一个达尔顿家族。

一个家族的姐妹通常不会因为长幼而选择使用不同的纹章图案，除非她们是王室成员，不过许多王室姐妹也会使用同样的纹章。蒙庞西耶女公爵安妮是法国国王路易十三的弟弟奥尔良公爵的长女，她的身份是大郡主，使用的王室纹章与父亲的一模一样，从她藏书封面上的纹章就可以很清楚地看出这一点。从纹章学的意义来看，一个家族里的姐妹使用同一种藏书票没有任何问题，这样的藏书票上面常常会有一个中间空着的菱形，她们可以在里面写上各自的名字，唐宁家族（Downing）的藏书票上就有这样空白的菱形。还有一些藏书票会在印刷的时候就印上不同家族成员的名字或名字缩写，如S.罗德巴德（S. Rodbard）和E.罗德巴德姐妹的藏书票（见第141页）。如果丈夫是家族长子而且先于自己的父亲去世，孀居妻子的藏书票上有时候会在丈夫的家族纹章上写上丈夫的姓名，希尔夫人的藏书票就是这样的

E. 罗德巴德女士的藏书票

例子。拉塞尔·巴林顿（Russell Barrington）夫人的藏书票上有完整的巴林顿家族的纹章，画面的其余部分则说明了她的寡妇身份。象征寡妇身份的绳结围绕着一个菱形边框，这是专门用于女士藏书票的装饰风格，用来代表孀居女士的特殊身份。这种设计源于法国，英国也有许多采用这种图案的女士藏书票，但在法国更普遍和常见一些。据说这个图案是法国国王查理八世的王后布列塔尼女王安妮最先使用的。安妮父亲的守护神是圣方济各，当查理八世去世，安妮成为寡妇之后，她就在自己的纹章周围加上了圣方济各绳结。后来她又专门为孀居女士设立了一种勋章，上面的徽章图案是获得勋章的孀居女士自己的盾徽，周围是象征真爱的绳结，绳结两边都有珠子装饰。这个勋章设立于1498年，只有品行无可挑剔的贵族寡妇才有资格获得这一荣誉。帕利泽（Palliser）夫人在其《徽章、纹章和战场口号》（*Badges, Devices, and War-cries*）一书中曾提到过这个勋章上的格言是“我心坚贞”。安妮后来与死去的丈夫查理八世的继任者法国国王路易十二结婚，她的盾徽仍然使用一圈绳结的图案，后来在她的葬礼上，停放灵柩的房间里挂着黑色的帷幔，样式与她盾徽上的绳结非常相似。在法国，已婚女性的盾徽周围通常都会有一种象征真爱的绳结作为装饰，这是一种圈成环状的绳结，尾端一般还有流苏装饰。与代表寡妇身份的绳结不一样的是，这种图案中间没有缠绕打结的实心绳结，而是有点类似于红衣主教、主教和修道院院长纹章上的带子和流苏装饰。一本古老的法国纹章图书上就有象征真爱的绳结和代表寡妇身份的绳结的插图，包括这样一段描述："已婚的夫人用象征真爱的绳结围绕着自己的盾徽；孀居的寡妇则会在这样的绳结上加上缠绕打结的实心

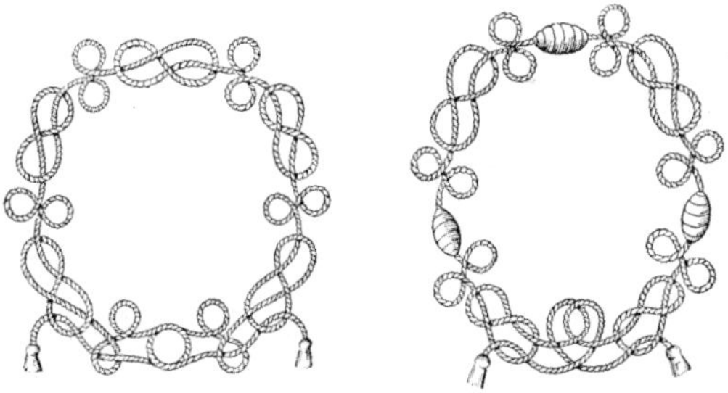

象征真爱的绳结和代表寡妇身份的绳结

绳结，就像一条由真爱绳结织成的项链；未婚女孩的盾徽周围装饰的是棕榈枝和花环。”

一些女士藏书票上印着徽章和名字，有的加上了格言，还有一些试图用菱形边框和花环将所有内容包围在内，以解决有些徽章因某些禁忌不能单独出现在藏书票上的问题。几位美国女士的藏书票上可以看到一种很不寻常的设计，某些徽章像基座一样支撑着女主人的家族纹章，或许这样的图案看起来还算漂亮，但从纹章学的意义来说，这绝无可能，而且荒唐可笑，因为我们必须牢记，徽章最初的意义是在战场上或骑士比武时用来区分不同的骑士的身份，两边其实是两个人在扶着，而不是放在某种基座上。许多纹章上都可以看到在左右两边扶着盾徽的人和动物，人们通常认为这种设计的起源也与骑士比武有关，因为骑士在竞技场上开始比武之前，会让装扮成狮子或塔尔博特猎犬的扈从一左一右替他们拿着带有徽章的盾牌，这样的场面在比武前会持续很久，因此许多纹章上都有人和动物在盾徽两旁扶着并作为护卫。从纹章学的角度来说，这样性质的徽章女士无论如何都是不能使用的，但毫无疑问，英国许多古老的家族使用的骑士徽章最初就是家族纹章，而家族纹章无论男女，只要是家族成员就有权使用，所以这种情况在纹章学来说也是毫无问题的。另外，女性在使用家族纹章时通常会加上某种个人标志。例如，英格兰黑太子的夫人琼（Joan）的家族纹章上加上了一只白色的雌鹿，这就是她的个人标志。英格兰国王亨利六世的王后安茹的玛格丽特的个人标志是“谦逊守法”这句格言。伊丽莎白女王的个人标志是她最喜欢的格言“始终如一”。从这些王室女性的习惯可以看出，尽管有些学者拒绝承认女性在家族纹章上加上格言的权利，但实际上许多女性在很久以前就开始经常这样做了。格洛斯特公爵夫人埃莉诺·伯亨（Eleanor Bohun）在她的藏书上用一只天鹅来做装饰，这正是伯亨家族的纹章。对于女性，尤其是英国女性来说，家族纹章是非常适合的装饰元素，既实用又美观，英国王室女性直到安妮女王时期都在延续这种习惯，但是从那之后，这种习惯似乎就逐渐停止了。

在装饰的多样性方面，女性无疑拥有比男性更广阔的空间。詹姆斯一世时期风格的边框、鱼鳞纹和菱形花纹，路易十四时期风格的砖纹和人脸像，都是安妮女王时期的藏书票最流行的装饰风格。玛丽·克拉克（Mary Clarke）藏书票的底部是一个头戴珍珠和羽毛头饰的人脸。凯瑟琳·库姆（Catherine Combe）藏书票的盾徽下面有一个头戴宽檐帽，留着小胡子的中国人头像（见第147页）。在齐彭代尔风格和路易十五时期风格的藏书票中，口吐火焰的龙、小男孩、绵羊和大捆货包是最常见的图案，鲜花和棕榈树、火把和箭囊、贝壳和卷轴则是必不可少的装饰元素。丝带和花环一直都是女士藏书票上最普遍的装饰，优雅的丝带结逐渐替代了之前的家族纹章。女士们喜欢将生动精致的树枝或花藤作为她们盾徽的背景，用丘比特或其他时髦的人物形象来代替扶着盾徽两边的狮子或猎犬。女士藏书票上偶尔会出现军事元素，但是在大多数情况下，这些都是出于节约的目的而使用了原本属于丈夫的藏书票，并不是妻子个人选择的装饰元素。在齐彭代尔风格盛行的时期，藏书票上的装饰不合规矩甚至滥用的情况并不少见，但这并不会被认

凯瑟琳·库姆的藏书票

为是什么严重的错误，几乎不会有人认为这样做不得体。男士藏书票上会有一些源自军人等男性专属职业和狩猎等男性专属活动的不同寻常的形象和图案，由于女性的生活领域相对有限，所以这些形象和图案并不适合作为女士藏书票的装饰元素。但是随着时代的发展和进步，女性正在以更广泛的方式参与到所有人类活动之中，许多从前完全没有女性踪迹的领域如今也能看到越来越多的女性身影，就算是在马修·特纳（Matthew Turner）和威廉·夏普（William Sharp）这样的齐彭代尔时期最大胆、最恣意的藏书票设计师的作品上也不可能看到这样的情况。当然，之所以我们会专门来讨论女士藏书票这一主题，就是因为女士藏书票的风格与男士藏书票的风格必然存在区别，在这方面，追求完全的男女平等似乎有点矫枉过正，有人还这样说过："总有一天女士藏书票上会出现一辆自行车的！"尽管自行车的车轮可以很好地诠释时代的进步精神，但这样的画面与高雅的藏书票好像有点不太匹配。男人们经常会用美丽的女性形象来装饰自己的藏书票，但女人们很少会选择在藏书票上加上值得欣赏的男性形象来回应这种赞美和恭维。

经过许多年的演变，纹章学的艺术已经完全变成了一种象征艺术，因此物体相对大小的合理性都可以被忽略。我们的眼睛早就习惯了这种传统的艺术表现手法，就算两个分别代表一头大象和一只松鼠的徽章尺寸一模一样，并排出现在眼前，我们也不会感到不协调，更不会感到诧异。这种艺术惯例在某种程度上也出现在非纹章的藏书票上，其中一些显得有些尴尬而且令人困惑。各种大小的物品在没有明显联系的情况下堆积在画面中，看起来好像旧货商店里一堆乱糟糟的东西，半身像、地图、乐器、宠物狗、调色板、墨水瓶、运动配件、经典的装饰元素都有可能同时出现在藏书票上，这时候我们的眼睛通常就不会像适应纹章和徽章上的象征表现手法那样很自然地接受物体大小比例失调的问题了。如在一些藏书票上，既有代表科学的仪器仪表，又有代表艺术的画作雕塑，还有代表自然的鲜花硕果，这样的画面似乎在努力地描述藏书票主人的不同爱好和品位以及不同领域的藏书，不过视觉效果却不尽如人意。对于这种藏书票的设计者来说，再怎么五花八门的组合都不算过分，各种物品和元素被融入设计，而不仅仅是展示原貌，就像埃及象形文字的表达方式一样，但杂乱无章的弊病肯定是难以避免的。

花环和丝带风格的藏书票

简·沃克（Jane Walker）女士的藏书票

第五章　当代设计师的女士藏书票作品

已经有非常多的当代艺术家对藏书票设计进行了深入研究和创作，乍一看，从现有的大量藏书票中挑选出能够代表当代设计师的范例似乎是一项艰巨的任务，但是众多优秀的设计师和雕版师中有些人确实值得特别关注，舍伯恩（Sherborn）先生就是其中之一。舍伯恩是一位杰出的藏书票雕版师，他在这个领域享有十分突出的地位，应该单独介绍他的艺术和作品。他的设计实现了诞生于阿尔布雷特·丢勒（Albrecht Durer）时代关于藏书票的最初理念，从他的作品中，我们可以很清楚地看到早期德国艺术家最佳的创作形式和元素，这是舍伯恩对前辈艺术家的一种致敬，也是对他们的艺术灵感的吸收和同化。16世纪的德国画家汉斯·贝哈姆（Hans Beham）是阿尔布雷特·丢勒的得意门生，也是当时的小型铜版画大师，舍伯恩创作的贝哈姆风格的小型纹章藏书票似乎完美地再现了这位前辈艺术家精细而优雅的手法，在感觉和主题上又与我们这个时代的品位和需求丝丝入扣。舍伯恩创作的藏书票上面的图画堪称艺术品，但他从来没有忽视过藏书票的本来意义，这些作品首先都是纯粹的藏书票，可以被一目了然地识别，任何人一眼就能看出这就是藏书票。他对女士藏书票的独特处理方式形成了一种非常典型的个人风格，样式多变又恰如其分。人们对这种艺术风格推崇备至，而且这种艺术风格极具吸引力，以至于许多男士藏书票也经常采用。对阴影的关注是舍伯恩风格作品的一个显著特征，哪怕在对铜版进行最精密最细微的雕刻时，光影的效果和质量也要忠实地遵循原作设计，因为在舍伯恩的艺术理念中，保留光影和色调效果是真正的装饰艺术的核心所在。

舍伯恩是一位多产的艺术家，他创作的女士藏书票比其他任何艺术家都要多，我们来介绍一下其中值得关注的精品。伊丽莎白·泰勒女士的藏书票上写着她的名字，图案包括她最喜欢的小狗、图书和种在罐子里的白色铃兰花，还写着一句“我忠实的朋友们”。波特兰（Portland）公爵夫人的藏书票是舍伯恩在1889年创作的作品，画面前方是图书和一盏台灯，上面是装饰着鲜花和枝叶的冠冕，还有一句格言：“此处闲适可读书，新词旧赋总相宜。”这是摘编自一首古诗的诗句，原诗的第一句是：“闲来读书荫凉下，此景正是吾所求。”莱茵斯特（Leinster）公爵夫人以美貌著称，她的藏书票也非常漂亮，样式与波特兰公爵夫人的藏书票很类似，上面有一顶代表公爵身份的冠冕，整个画面极具美感。伯克（Bourke）夫人的藏书票中间是一把精美的爱尔兰竖琴，周围装饰着优雅的花饰和花环，书籍和音乐表明了主人高雅的品位，而她真正的爱书人的情感则完美地体现在一句赞美书的格言上——“书是永远不会错的朋友”，最下面写着她的名字。阿格尼丝·R.沃顿（Agnes R. Wharton）的藏书票也很漂亮，图案中间是一盏点亮的古典风格油灯，背景是一丛正在绽放的玫瑰花，灯下面是一本打开的书，一边书页上可以看到太阳图案，另一页上写着“书中自有光明”。

玛格丽特·怀特（Margaret White）的藏书票是舍伯恩作品中花朵图案的精品，白色的雏菊雕刻十分精美，也表达了主人善良仁慈的心怀（见第157页）。罗达·布劳顿（Rhoda Broughton）的藏书票上画着她的哈巴狗坐在书的前面，周围的枝叶装饰主要是金银花，那是这位小说家最喜欢的花卉，画面下方是一句赞美书的格言——“我永远不离不弃的朋友们”。爱丽丝·S. 诺思科特（Alice S. Northcote）女士的藏书票上也有一只小狗，这只聪明机灵的苏格兰犬是诺思科特女士忠实的朋友和伙伴，它嘴里叼着一封主人的信，像一个恭敬伺候的侍从一样站在旁边（见第158页）。事实上，宠物狗已经成为舍伯恩藏书票作品中的一个典型特色。他在1893年为伊迪丝·约瑟夫（Edith Joseph）小姐设计的精美藏书票上也加上了一只活灵活现的贵宾犬，六边形的构图表现的是里士满城堡的景观，周围有许多小鸟，贵宾犬端坐在中间，它的身边放着一把吉他和一卷肖邦的乐谱，另一边放着许多藏书。他在1894年为亨利·格罗夫纳（Henry Grosvenor）女士设计的藏书票最为精美，整个构图是

玛格丽特·怀特女士的藏书票

爱丽丝 · S. 诺思科特女士的藏书票

一台拨弦古钢琴，从打开的琴盖上面可以看到威姆斯城堡的风景，画面上的装饰是各种鲜花，有郁金香、水仙、报春花和康乃馨，还有一句格言——“在一本好书里，既能看到人类的创作，也能看到上帝的真理”。玛丽·爱德华兹（Mary Edwards）的藏书票特别能展示舍伯恩作品的细节和雕刻的精美程度。这张藏书票的中间是两个椭圆形，上面画着玛丽·爱德华兹的两座分别位于泰晤士河畔和伯明翰的宅邸，其中一个前景上还有两个孩子，精致的花朵上写着她们的名字玛丽·爱德华兹和玛格丽特·爱德华兹，这张藏书票极具美感，每个角上还有一个不同的盾徽，精细的画面令人惊叹。埃米莉·安娜·吉布斯（Emily Anna Gibbs）有一张专门用于收藏宗教书籍的藏书票，上面画着她在萨默塞特郡的巴罗庄园，舍伯恩用完美的艺术手法呈现了这座著名宅邸的美景，枝叶装饰上还有用于圣餐的百合花。埃米莉·安娜·吉布斯收藏的著名宗教作家托马斯·肯皮斯（Thomas Kempis）的著作以及其他一些神学书籍里都有这张藏书票。巴特西（Battersea）女士有两张不同的藏书票：第一张注明的年份是1885年，英国特有的月季品种康斯坦丁花与白色铃兰花组成的传统装饰花环非常和谐地交织在一起；第二张在巴特西女士获得贵族头衔之后，在第一张的基础上加上了冠冕并进行了一些修改。

舍伯恩还创作了许多单纯的纹章藏书票，从这些作品中可以看出舍伯恩似乎特别喜欢齐彭代尔风格，但也有少数例外，如玛格丽特·司各特（Margaret Scott）藏书票上纹章的菱形边框的雏菊图案明显属于詹姆斯一世时期风格的藏书票装饰，弗朗西斯·G.沃尔斯利（Frances G. Wolseley）的藏书票上明显也是旧式的丝带和花环的装饰风格，虽然稍有改动，但肯定不是齐彭代尔风格。舍伯恩在1891年为女爵士爱丽丝·简·切特伍德（Alice Jane Chetwode）设计的精美藏书票是他齐彭代尔风格作品的代表作之一，拉德纳伯爵夫人（Countess of Radnor）和梅内尔·英格拉姆（Meynell Ingram）夫人的藏书票也是同样的风格。安妮·迪克-劳德（Anne Dick-Lauder）女士的藏书票风格简洁，纹章周围是一个菱形边框，周围环绕着代表她寡妇身份的绳结，在边框的四角形成了装饰效果。舍伯恩还为劳拉和妮蒂·约瑟夫（Nettie Joseph）设计了两张尺寸很小的藏书票，也是齐彭代尔风格。他为特克郡主玛丽设计的藏书票是字母图案藏书票的佳作，玛丽郡主名字的缩写字母“M. A”放在一个优雅的边框内，上面是一顶冠冕。在后面关于联名藏书票的章节中我们还会介绍一些舍伯恩的藏书票作品。

G. W. 伊夫（G. W. Eve）先生是一位非常杰出的纹章艺术家，但我们很难找到善品藏书票来说明他在藏书票方面高超的艺术水平。伊丽莎白·安妮·博斯托克（Elizabeth Anne Bostock）有一张G. W. 伊夫先生设计的藏书票，不过已经找不到了，只能见到原始铜版的影印版，这确实令人感到遗憾，因为毫无疑问，影印版很难再现原版的精美工艺（见第162页）。G. W. 伊夫先生是由王室成立的英国纹章院的正式成员，在纹章学方面造诣很深，创作过一些特别著名的纹章，被视为这一英国重要传统继往开来的杰出人物。他的藏书票作品主要使用的是蚀刻工艺，在细节的精致和线条的力度方面完全可以与舍伯恩和

伊丽莎白·安妮·博斯托克女士的藏书票，G. W. 伊夫设计

E. D. 弗伦奇（E. D. French）并驾齐驱，同时他也有非常鲜明的个人风格，艺术手法精湛而独到，一些匠心独具的细节很有特色。

在这些艺术手法细致入微、细节处理令人赞叹的艺术大师中，罗伯特·安宁·贝尔先生（Robert Anning Bell）的艺术风格与众不同，自成一派。这位著名英国画家的艺术成就无须赘述，我们来简单了解一下他的藏书票作品。他的创作目标主要是追求一种特别突出、对比明显的艺术效果，他用粗重的线条和强烈的黑白对比生动地表达出了这一理念，特别适合用在藏书票上。诺拉·比阿特丽斯·迪克西（Nora Beatrice Dicksee）女士的藏书票就是一个体现这种风格的绝佳例子，大块的黑色背景衬托着一位斜躺在花园椅子上的年轻女子，她慵懒的样子栩栩如生，画面边缘的藤蔓装饰风格鲜明，这是罗伯特·安宁·贝尔的原创风格（见第164页）。克里斯特布尔·A. 弗兰普顿（Christabel A. Frampton）夫人的藏书票上画着两位女子：一位在看书，一位在弹琴，简洁的线条勾勒出她们婀娜的身姿，寥寥数笔画成的弯月和花

诺拉·比阿特丽斯·迪克西女士的藏书票，

罗伯特·安宁·贝尔设计

朵使整个画面十分优雅，尤其是这张藏书票用红色印刷的时候，艺术效果更为出色（见第166页）。罗伯特·安宁·贝尔在1894年为梅奥伯爵夫人杰拉尔丁（Geraldine）设计了一张藏书票，大块的黑色背景衬托着两位女子：一位在拉大提琴，一位在看手中的乐谱，表明这位伯爵夫人在音乐方面的天赋和兴趣；画面周围三叶草和迎春花的装饰也都有所指，三叶草代表她的家族来自爱尔兰，迎春花则是她最喜欢的花（见第167页）。朱丽叶·卡罗琳·福克斯·皮姆（Juliet Caroline Fox Pym）女士的藏书票也是以音乐作为主题，画面中间是一个椭圆形的边框，里面是两位女子，手拿琴谱的女子坐在地上抬头看着弹琴的女子，右下角写着朱丽叶·卡罗琳·福克斯·皮姆的名字和一句格言——“我们要你永怀希望”（见第168页）。她的妹妹约兰德·西尔维娅·尼娜·皮姆（Yolande Sylvia Nina Pym）女士的藏书票上是两个一边走路一边看书的天使，上面写着主人的姓名和两句格言——“我们要你永怀希望”和“一路顺利”（见第169页）。简·帕特森（Jane Patterson）有一张专门用

克里斯特布尔·A. 弗兰普顿夫人的藏书票，

罗伯特·安宁·贝尔设计

梅奥伯爵夫人的藏书票，罗伯特·安宁·贝尔设计

朱丽叶·卡罗琳·福克斯·皮姆女士的藏书票，

罗伯特·安宁·贝尔设计

约兰德·西尔维娅·尼娜·皮姆女士的藏书票，

罗伯特·安宁·贝尔设计

于音乐类藏书的藏书票，上面是一位女子在弹吉他。她还有一张用于收藏散文和诗歌的藏书票，也是罗伯特·安宁·贝尔的作品。这张藏书票画面中坐在桌子旁边读书的一个女孩代表散文，另一个长着翅膀、手拿乐器飞在空中的女孩代表诗歌，前景中几只正在开心玩耍的小猫则暗示着青春年少的快乐（见第171页）。玛贝尔·德·格雷（Mabel de Grey）、塞西莉亚（Cecilia）、格拉米斯（Glamis）女士以及其他一些当时的贵族女性名流都以拥有罗伯特·安宁·贝尔设计的藏书票为荣，但是她们或多或少都要求罗伯特·安宁·贝尔在这些作品中加入她们自己的想法，因此没有完全展现出这位艺术家与众不同的艺术特色。

艾伦·赖特（Alan Wright）先生也是杰出的艺术家，作为一位多产的现代设计师，他为女士们设计了不少藏书票。他的藏书票作品中很少会加入纹章，这一点与罗伯特·安宁·贝尔的习惯一样，而且他特别喜欢使用隐喻的手法。L. T. 米德（L. T. Meade）夫人是《亚特兰大杂志》（*Atalanta Magazine*）的著名女编辑，艾伦·赖特为她设计了一张藏书票，画面中

简·帕特森女士的藏书票

一张纹章藏书票

间是一本打开的书，书页上有一个双头鹰的图案，还有艾伦·赖特名字的缩写和年份——“A. W. 1891年”，背景是一棵枝叶繁茂的树，延伸到下面的树根中间写着L. T. 米德的名字（见第174页）。玛丽昂·L. 利（Marion L. Leigh）夫人有一张很漂亮的藏书票，画面中间是一个非常别致的吊坠，上面写着一句熟悉的格言——“书是永远不会欺骗你的朋友”。周围是枝叶组成的装饰边框，这也是艾伦·赖特在1891年创作的作品（见第175页）。弗洛伦斯·坎贝尔（Florence Campbell）夫人的藏书票堪称艾伦·赖特的代表作之一，埃杰顿·卡斯尔先生对这幅杰作有过这样的评价：“翻开喜爱的书，就会看到一幅用令人愉快而且鼓舞人心的方式来表达纯粹的音乐和文学的动人画面。这幅画面引人深思，它是想告诉我们，看见书合上了，墨水瓶倒了，墨水流干了，就好像生命走到了尽头。然而作者要表达的深意绝不仅仅是这种沉郁的情感，被骷髅遮住一部分的五线谱才是点睛之笔，露出来的那段五线谱展示的正是几小节我们最喜欢的欢快乐章。”（见第176页）

L. T. 米德夫人的藏书票，艾伦・赖特设计

玛丽昂·L. 利夫人的藏书票，艾伦·赖特设计

弗洛伦斯·坎贝尔夫人的藏书票，艾伦·赖特设计

A. 格特鲁德·奥查德（A. Gertrude Orchard）女士的藏书票描绘了一幅特别美丽的风景，一条小溪在草地上蜿蜒而过，小溪两旁的树木在风中摇曳，远处是缓缓西落的夕阳，画面上方的丝带上写着A. 格特鲁德·奥查德的名字，下方写着一句格言——“阳光使鲜花多姿多彩，艺术也使人生缤纷灿烂”。最底端是艾伦·赖特名字的缩写和年份——“A. W. 1895年”（见第178页）。埃塞尔·M. 博伊斯（Ethel M. Boyce）女士的藏书票上也有令人感到阴森的死亡标志，一个张开双手的人背靠着树站立，右臂下的调色板代表绘画，左臂下是两个面具，一哭一笑的表情代表悲剧和喜剧是人生永恒的主题，脚下树根交错的地方是一个骷髅，代表生命终有尽头（见第179页）。

沃尔特·韦斯特（Walter West）先生曾奉命为温莎城堡的女王图书馆设计藏书票，他的艺术造诣由此可见一斑。这位御用藏书票设计师为我们留下了不少令人印象深刻的精美作品，E. 莉莉安·怀斯（E. Lilian Wise）女士的藏书票是其中的代表作，画面上是一个女孩在种满百合花的花园里读书的景象，

A. 格特鲁德 · 奥查德女士的藏书票，艾伦 · 赖特设计

埃塞尔·M. 博伊斯女士的藏书票，艾伦·赖特设计

具有非常特别的美感（见第181页）。我们已知出自著名设计师劳伦斯·豪斯曼（Laurence Housman）的藏书票还有一张，描绘了一幅风格奇特的画面，可能暗含一些深刻的含义，整体黑色的背景上是两棵几乎一模一样的树，它们被丝带绑在一起，两边站着两位女子，也几乎一模一样，也被丝带缠绕在一起，身影映在脚下的水中，水面上浮现着“汉娜·布雷斯”（Hannah Brace）这个名字（见第182页）。纹章学中有一个术语“联结”（brace），意思是将两个完全相同的图形交错重叠在一起，而“布雷斯”这个姓氏与“联结”在英语中是同一个词，所以劳伦斯·豪斯曼这种十分罕见和奇特的构图有可能是出于这个原因。

梅·莫里斯·斯帕林（May Morris Sparling）夫人有一张很漂亮的藏书票，无论是作为艺术品还是从藏书票的背景来说都非常值得关注，是由著名艺术家沃尔特·克兰先生绘制、木雕大师W. 胡珀（W. Hooper）完成的。这张藏书票应该是在1890年之前完成的，它最早出现在梅·莫里斯·斯帕林夫人

E. 莉莉安・怀斯女士的藏书票，沃尔特・韦斯特设计

汉娜·布雷斯女士的藏书票，劳伦斯·豪斯曼设计

收藏的沃尔特·司各特（Walter Scott）的第一部小说《威弗利》之中，这本书是在梅·莫里斯·斯帕林夫人结婚的时候，社会主义联盟哈默史密斯分会的成员送给她的礼物。画面上是一株玫瑰，左上部分绽放的花朵上是主人的头像，右下部分有一个心形的吊牌，上面写着“从枝叶变成花朵，1890年6月”（见第184页）。社会主义联盟后来不复存在，当这个组织解体的时候，社会主义联盟哈默史密斯分会变成了“哈默史密斯社会主义协会”，梅·莫里斯·斯帕林夫人仍然是该协会的活跃成员。

哈里·索恩（Harry Soane）先生为玛戈·坦南特·阿斯奎思（Margot Tennant Asquith）夫人设计过一张雅致的藏书票，整体设计是一个漂亮的吊坠，上面是主人名字的缩写和冠冕。

W. H. 马吉特森（W. H. Margetson）先生是一位杰出的年轻画家，曾在英国皇家艺术学院举办过好几次令人印象深刻的个人作品展，可谓前途无量，他也有几张精美的藏书票作品。贝茜·莱尔·哈顿（Bessie Lyle Hatton）女士的藏书票上是一位身穿

梅·莫里斯·斯帕林夫人的藏书票，沃尔特·克兰设计

威尼斯长袍的婀娜女子站在海边，正在读一本很厚的书，远景的透视效果非常突出，画面两边装饰的是西番莲和银莲花，这是马吉特森作品中最鲜明的特色（见第186页）。版画大师H. 格兰维尔·费尔（H. Granville Fell）1895年在皇家艺术学院举办过一次个人作品展，其中有一张女士藏书票作品令人非常难忘。画面中间是一个正在埋头苦读的女学生，她的头上是象征真理和智慧的两位女神；她面前有厚厚的一摞书、墨水瓶、沙漏和一个头骨，寓意深刻；最前方是多刺的荆棘，象征着精神世界和求知之路上的困难和艰辛（见第187页）。

保罗·伍德罗夫（Paul Woodroffe）是一位年轻艺术家，曾为约瑟夫·穆拉特（Joseph Moorat）先生编曲的一部《传统童谣集》画过非常精美的插图，还为他的女儿莉莉安·穆拉特（Lilian Moorat）设计过一张藏书票，这应该是他唯一的女士藏书票作品（见第188页）。这张藏书票独具一格的风格引人注目，主要是因为保罗·伍德罗夫没有从沃尔特·克兰、比尔兹利（Beardsley）、罗伯特·安宁·贝尔这些优秀的藏书票

贝茜·莱尔·哈顿女士的藏书票，W. H. 马吉特森设计

H. 格兰维尔 · 费尔设计的女士藏书票

莉莉安·穆拉特女士的藏书票，保罗·伍德罗夫设计

艺术家的作品中汲取灵感，也看不出与伯明翰学派有什么亲近的关系，而是以简洁的画风自成一派，他熟练运用传统线条，带有一种清新自然的优雅之风。阴影线和留白看似寥寥数笔，却恰到好处地勾勒出坐在沙发上读书的女子娴静的神态，旁边孔雀翎的装饰又特别醒目，整幅画面呈现出一种非常特别的风格。

阿瑟·莫德（Arthur Maude）是一位非常有天赋的年轻画家，在南肯辛顿举办的一次全国大赛中，他的参赛作品包括他设计的唯一一张女士藏书票。这张为弗洛伦斯·A. 罗（Florence A. Roe）女士设计的藏书票充满古典韵味，画面中间正在读书的女子的服饰明显具有古风，顶部和底部的文字框和装饰花纹也很复古（见第190页）。斯塔尔·伍德（Starr Wood）是一位艺术风格鲜明的年轻画家，他的作品通常具有非常明显的个人印记，除了高超的艺术手法之外，往往还表现出一种特别的幽默感。例如，在他为伊迪丝女士设计的藏书票上，特别简单的线条勾勒出阿拉伯风格的异域风情，给人一种很轻松、轻快的感觉（见第191页）。又如，他设计的玛丽·E. 艾伦

弗洛伦斯·A. 罗女士的藏书票，阿瑟·莫德设计

伊迪丝女士的藏书票，斯塔尔·伍德设计

的藏书票上是一位靠在靠椅上的女子，她的衣服和地上的厚书营造出了一种非常幽默的气氛（见第193页）。哈里·纳珀（Harry Napper）也创作过几张特别精美的女士藏书票，其中一张是为西塞莉·罗斯·格利森·怀特（Cicely Rose Gleeson White）女士设计的，想象力非常丰富，细节的处理也十分精细，黑色背景的使用得心应手。另一张上面没有名字，植物装饰的细节处理非常出色，黑色背景的衬托也恰到好处，展示出了哈里·纳珀作品非常流畅的想象力以及强烈的装饰感。哈里·纳珀主要的创作领域是应用艺术方面的设计，因此他在植物装饰方面的功力特别深厚，光影色调的平衡感也是一流的水平（见第196页）。约翰·威廉姆斯（John Williams）的作品都带有浓厚的个人风格，基本都是大尺寸的藏书票，画面中总是包含许多典故和暗喻，一般人不太容易理解。他为索菲娅·伊丽莎白·霍尔（Sophia Elizabeth Hall）（见第197页）和格特鲁德·H. 埃德尔曼（Gertrude H. Edlmann）女士（见第198页）设计的藏书票就是这样的典型作品，这种风格的藏书票如

玛丽·E. 艾伦女士的藏书票，斯塔尔·伍德设计

西塞莉·罗斯·格利森·怀特女士的藏书票，哈里·纳珀设计

西塞莉·罗斯·格利森·怀特女士的藏书票

哈里·纳珀设计的女士藏书票

索菲娅·伊丽莎白·霍尔女士的藏书票，约翰·威廉姆斯设计

格特鲁德 · H. 埃德尔曼女士的藏书票，约翰 · 威廉姆斯设计

今在一些特定的人群中非常流行。在没有追求独具匠心的创意的情况下，这种藏书票可以很好地代表艺术家个性化的处理手法，不需要签名，一眼就能看出是谁的作品。

昆内尔（Quennell）先生的女士藏书票作品都是精品，他为凯瑟琳·穆尔（Catherine Moore）女士设计的藏书票曾在比赛中赢得大奖，这张藏书票呈现出的现代风格令人过目难忘（见第200页）。爱丽丝·伯德（Alice Bird）女士的藏书票也是一幅现代风格的佳作，从整体线条和人物都能明显看出昆内尔别具一格的个人艺术风格（见第201页）。R. W. 贾维斯（R. W. Jarvis）为梅·哈斯拉姆（May Haslam）设计的藏书票也是现代风格的代表，但是和大多数充满象征意义的现代作品不一样的是，他没有使用头骨、沙漏等常见的象征元素和其他艺术家经常使用的创作手法，而是展现了一种另类的现代风格（见第202页）。从构图和内容来看，他的作品肯定属于现代风格，但他笔下的线条，尤其是植物的处理，更像是古典大师的手法，而不是现代藏书票上常见的处理方式。

凯瑟琳·穆尔女士的藏书票，昆内尔设计

爱丽丝·伯德女士的藏书票，昆内尔设计

梅·哈斯拉姆的藏书票，R. W. 贾维斯设计

哈罗德·纳尔逊（Harold Nelson）创作的女士藏书票上最值得注意的是他的构思，其每一个作品都堪称佳作（见第204页）。他为埃伦·马圭尔（Ellen Maguire）女士设计的藏书票就展现出了优雅而匠心独具的构思，这张藏书票的画面精美而复杂，但他在把握整体构图方面的高超水平使人丝毫不觉得纷乱（见第205页）。

来自美国的两位艺术家E. D. 弗伦奇和W. F. 霍普森（W. F. Hopson）也创作了不少优秀的女士藏书票作品（见第206—208页）。E. D. 弗伦奇的作品在欧洲可能和在美国一样出名，也一样备受欢迎。他创作的一张写着“美国殖民地时期贵妇”的藏书票是一把打开的折扇，画面十分精美（见第209页）。他为爱丽丝·C. 霍尔登（Alice C. Holden）女士设计的藏书票构思巧妙，乐器、乐谱和图书装饰在花朵之中，主人的名字写在飘逸的丝带上。海伦·埃尔薇拉·布雷纳德（Helen Elvira Brainerd）的藏书票上是名字和花朵装饰融为一体的名字缩写，整体风格与舍伯恩有些类似（见第210页）。

玛丽 · L. 奥德菲尔德（Mary L. Oldfield）的藏书票，

哈罗德 · 纳尔逊设计

埃伦·马圭尔女士的藏书票，哈罗德·纳尔逊设计

艾米莉·霍·劳伦斯（Emily Hoe Lawrence）女士的藏书票，

E. D. 弗伦奇设计

科拉·阿尔泰米西娅·莱格特（Cora Artemisia Leggett）女士的藏书票，E. D. 弗伦奇设计

玛丽·布雷纳德·弗伦奇的藏书票，E. D. 弗伦奇设计

美国殖民地时期贵妇的藏书票，E. D. 弗伦奇设计

海伦·埃尔薇拉·布雷纳德的藏书票，E. D. 弗伦奇设计

W. F. 霍普森为约瑟芬·波特（Josephine Porter）夫人设计的藏书票是他的代表作之一。画面中间是一个椭圆形边框，感觉就像一面镜子，上面是一位身着朝服的贵妇人，她的身边是一只正在开屏的孔雀，两边和上方是玫瑰花装饰（见第212页）。上面刻有“Ex-libris Josephine E. S. Porter”等字样。梅·皮博迪（May Peabody）女士的藏书票上有一个菱形纹章，下面写着一句格言：“越读书，越想读书。”整体画面非常协调，最上面是一个带翅膀的沙漏，看起来像一个冠冕，周围环绕着树叶和橡子组成的花环，也有W. F. 霍普森的签名，标注的年份是1893年。

波特夫人的藏书票，W. F. 霍普森设计

第六章　女性设计师

由于过去的绘画史上很少有著名的女艺术家，所以在藏书票设计师和雕版师中，直到19世纪似乎都没有占据重要地位的女性人物。安吉莉卡·考夫曼（Angelica Kauffmann）是18世纪一位杰出的女艺术家，她非常善于运用色彩，画作极富创造性，其优美典雅的作品对后世影响深远，然而我们找不到她留下的任何藏书票作品。阿德拉·沃尔夫森（Adela Wolfsen）也是一位成功的女画家，作为内彻尔（Netcher）的得意门生，她留下的几幅肖像画备受称赞，然而她传世的作品也仅此而已，同样看不到任何藏书票方面的创作，这都是令人十分遗憾的事情，不过仍然有不少值得尊敬的女艺术家为我们留下了许多藏书票佳作。

我们在前文中介绍过一张1793年安娜·戴默夫人

的藏书票，设计者是她的好友阿格尼丝·贝里女士。这位女画家的品位和技巧在这张藏书票上可见一斑，但遗憾的是这也是唯一一张确定由阿格尼丝·贝里创作的藏书票。波利特·马拉西（Poulet Malassis）是一位研究藏书票的专家，他在一本关于18世纪藏书票设计师和雕版师的著作中提到过几位女艺术家的名字。路易丝·杜维维耶（Louise du Vivier）女士在1737年创作过一张特别精美的藏书票。路易丝·达尔切尔（Louise Le Daulceur）夫人曾经是一个小艺术圈子的核心人物，她为布沙东（Bonchardon）、皮埃尔（Pierre）、格拉沃洛（Gravelot）、艾森（Eisen）等文艺界名流设计过许多藏书票，她的作品上通常都没有注明日期，但可以看到“路易丝·达尔切尔雕刻”的署名字样。特蕾泽·布罗切里（Therese Brochery）、夏洛特·诺诺特（Charlotte Nonot）、丰博纳（Fonbonne）、茹尔当（Jourdan）和莫瑞罗（Moyreau）这几位女士都留下了一些令人赞赏的藏书票作品。

自从藏书票的风尚再次兴起以来，一个新的艺术领域向女性敞开了大门，无论是在欧洲还是在美国，女艺术家在藏书票创作上都已经不容忽视。今天有不少伟大的艺术家已经把注意力转向藏书票这一似乎很小众甚至微不足道的艺术上，这对藏书票爱好者来说当然值得欣慰和高兴。约翰·米莱斯（John Millais）爵士是一位热忱的收藏家，他的藏品包括塞克斯创作的藏书票、E. A. 阿贝（E. A. Abbey）为奥斯汀·多布森（Austin Dobson）先生和布兰德·马修斯（Brander Matthews）先生设计的藏书票、考尔德科特（Caldecott）为友人设计的藏书票以及其他许多艺术家的佳作，其中由女艺术家设计的一些藏书票堪称杰作，约翰·米莱斯爵士一定为自己拥有这些精美藏品而倍感骄傲。凯特·格里纳韦（Kate Greenaway）小姐或许是最广为人知的藏书票女艺术家了，她为洛克-兰普森家族（Locker-Lampson）设计的四张小藏书票十分精致，可以说是难得的艺术品。莫德·洛克-兰普森小姐的藏书票上是她的名字和家族格言“除了敬畏上帝，心中无所畏惧”，周围装饰着一圈精致的鲜花图案。她的姐姐桃乐茜·洛克-兰普森的藏书票基本差不多，只是花环的样式有所不同（见第217页）。弗雷德里克·洛克–兰普森的藏书票上有两个小孩，他们一起坐在一棵苹果树下，树枝上悬挂着一个盾徽，远处可以看到一座城市，还有一只猫头鹰站在旁边的铁轨上。第四张藏书票属于戈弗雷·洛克–兰普森（Godfrey Locker-Lampson），上面是一个勤奋学习的小男孩，胳膊下面夹着一本书，画面的左侧上方是一个盾徽，家族格言“除了敬畏上帝，心中无所畏惧”写在一条丝带卷轴上。凯特·格里纳韦为莎拉·尼克松（Sarah Nickson）设计的藏书票也是她的代表作之一，画面上几个孩子的动作神态各异，都十分传神，周围的一圈花环装饰也是凯特·格里纳韦的典型风格（见第218页）。

伊迪丝·格林（Edith Greene）小姐是一位多产的艺术家，她的藏书票作品一直把握着流行的品位。她设计了许多非常著名的藏书票，这些作品通常以藏书票主人的家族历史、宅邸或个人品位为主题。她为沃尔特·格林（Walter Greene）夫人设计的藏书票上可以看到格林家族位于圣埃德蒙兹的内瑟礼堂，她为

桃乐茜·洛克-兰普森的藏书票，凯特·格里纳韦设计

莎拉·尼克松的藏书票，凯特·格里纳韦设计

阿加莎·格林设计的藏书票上描绘了这栋著名建筑里面的样子。汤利·鲍尔福（Townley Balfour）小姐有三张由伊迪丝·格林设计的藏书票，第一张创作于1893年，上面是仙女山庄的素描，这是鲍尔福家族位于罗斯特雷沃的一座海边宅邸，画面前景是一个菱形边框，里面是鲍尔福家族的纹章，还有一句家族格言——“愿群山获得安宁”，取自一首圣经赞美诗。第二张也创作于1893年，画面是鲍尔福家族位于德罗赫达的汤利礼堂的图书馆里面的景象。第三张描绘的是一间画室，上面还有一句克劳德·蒂利耶（Claude Tillier）的名言：“被浪费的都是最好的时光。”伊迪丝·格林为奥布莱恩家族（O' Brien）也设计了几张藏书票，其中一张描绘的是一间古老的图书馆里面的景象，壁炉里的火烧得很旺，燃烧的木柴正在发出令人愉快的火光，给人非常温暖的感觉。另一张画的是一个窗帘，上面写着一句话：“她拉上窗帘，舒适厚实的窗帘每晚都将外面寒冷的世界隔开。”整个画面被放在一个撒克逊风格图案的边框内，整体设计非常大胆，菱形的家族纹章像一张邮票一样出现在角落上，下面写着一个名字“康斯坦斯·奥布莱恩（Constance O' Brien）”。米尔德丽德·奥布莱恩（Mildred O' Brien）的藏书票非常有特点，整个画面线条古朴，远处的城堡以及近景中的图书和卷轴给人厚重的历史感，但别具一格的边框设计又透出时尚的现代感（见第221页）。弗洛伦斯·奥布莱恩（Florence O' Brien）小姐的藏书票上描绘的是卡莱尔海岸的景色，那片岩石海滩令人印象深刻。

加斯金（Gaskin）夫人是伯明翰学派的著名人物，她设计过许多精美的藏书票，其中一张没有名字和年份的藏书票最能体现她的艺术风格。整体画面使用了大块黑色背景，坐在花丛中的一位女子手里拿着一本书，寥寥数笔勾勒出的神情十分传神（见第222页）。阿格尼丝·卡斯尔（Agnes Castle）设计的藏书票在细节的处理上出类拔萃，精细的人物和服装是她作品中的鲜明特色。卡斯尔先生是公认的格斗专家，他有一张阿格尼丝·卡斯尔在1892年设计的藏书票，专门用于收藏剑术方面的图书，在他收藏的安特卫普的吉拉尔·蒂博（Girard Thibault）写的剑术

米尔德丽德·奥布莱恩的藏书票，伊迪丝·格林设计

加斯金夫人设计的藏书票

著作里就有这张特殊的藏书票。画面上是一个身着古典服饰的人，手里拿着一把剑，卡斯尔自己还专门加上了一段论述：“对于一位‘兵器哲学’的阐释者来说，用剑术大师的形象来表达他高尚而自信的思想理念应该是很合适的。安特卫普的吉拉尔·蒂博是‘三个火枪手’时代声名显赫的剑术大师，他凭借对剑术、图解、逻辑、解剖、几何等多门学科的高深造诣，写出了那部令人惊叹的剑术专论，声称这本书可以让人掌握许多一击必中、绝对致命的剑招。在过去的三个世纪里，有许多理论家都剖析和阐述过兵器哲学和格斗艺术，吉拉尔·蒂博毫无疑问是其中最杰出的一位，他不仅是一位理论家，更是一位实战专家，因此让他穿上自己的服装，拿着自己的武器，摆出自己的姿势出现在自己的著作里当然是恰如其分的。”画面顶部还有一句话——“我们寻找武器”，这是克努泽俱乐部的格言。克努泽俱乐部是一个不对外开放的小型团体，成员都是热爱武器和盔甲的古物鉴赏家，他们一起进行武器方面的收藏和研究。这个俱乐部有一个著名的理念——“谁拿着剑，谁就要心怀和平”，这是为了提醒那些过于好斗的人不要对冷酷的刀剑过度狂热。卡斯尔的另一张藏书票则要祥和得多，描绘的是图书馆里的舒适景象：一个人斜靠在壁炉前一张宽大的扶手椅上，他的脚边放着摊开的书，身后摆满了书架。画面下方是卡斯尔家族的盾徽，齐彭代尔风格的边框将整个画面囊括在内，给人一种很优雅的感觉。阿格尼丝·卡斯尔为埃莉诺·斯威特曼（Elinor Sweetman）设计的藏书票颇具古典风格，可以与一些著名的德国老艺术家相媲美，画面上是一位衣着华丽、姿态优雅的女子，右手高举着一面三角旗，上面写着“祈求上帝”，左手扶着一面盾牌，上面是斯威特曼家族的纹章（见第225页）。

H. 伊莎贝尔·亚当斯（H. Isabel Adams）夫人创作了四张藏书票，其中两张是为她的姐姐希顿夫人设计的。这两张藏书票的构图很相似，最突出的特点是花藤组成的边框（见第226、227页）。她也为她的哥哥阿尔弗雷德设计藏书票。李斯特小姐为玛丽·安妮特·哈梅尔（Mary Amiette Hamel）设计过一张充满暗喻的藏书票，意思是基督徒的生活被邪恶包围着，

埃莉诺·斯威特曼的藏书票，阿格尼丝·卡斯尔设计

希顿夫人的藏书票，H. 伊莎贝尔・亚当斯设计

希顿夫人的藏书票，H. 伊莎贝尔 · 亚当斯设计

画面上的僧侣、手稿和橡木箱子代表主人是一位研究教会历史和考古学的学者，其他一些装饰品则体现了她的品位。画面右侧是一个菱形盾徽，还有一句格言：“忠诚、真挚、勇往直前。”C.阿米蒂奇（C. Armytage）小姐创作的藏书票以精美的纹章图案著称，其中一张描绘的是一个图书馆里面的景象，窗户玻璃上画着一个精致的菱形纹章，还有“玛格丽特·沃波尔（Margaret Walpole），1894年”的字样。斯温纳顿·休斯（Swynnerton Hughes）夫人为伊莎贝尔·简·哈珀–克鲁（Isabel Jane Harpur–Crewe）女士设计过一张特别精美的纹章藏书票，中间的盾徽纵横分为四格，里面都是狮子图案，边框的小格子里是哈珀–克鲁家族的盾徽（见第229页）。

玛丽·萨金特·弗洛伦斯（Mary Sargent Florence）是一位艺术风格鲜明的设计师，她设计过一张风格独特的藏书票，一位肋生双翼的女神占据了整个画面（见第230页）。我们之前提到过，沃尔特·韦斯特曾为温莎城堡的女王图书馆设计过藏书票，其中一些作品的雕版是由女雕版师玛丽·拜菲尔德（Mary

伊莎贝尔·简·哈珀–克鲁女士的藏书票，斯温纳顿·休斯设计

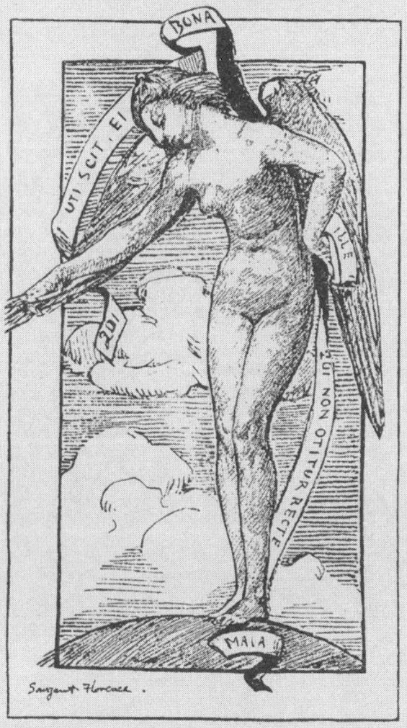

玛丽·萨金特·弗洛伦斯设计的藏书票

Byfield）完成的。伦敦艺术学院的凯瑟琳·M.罗伯茨（Katherine M. Roberts）小姐为利物浦的约翰·W.克雷克（John W. Crake）神父设计过一张藏书票，《藏书票月刊》曾对这张藏书票进行过详细的描述，并给予了很高评价。西莉亚·莱维图斯（Celia Levetus）小姐是伯明翰学派的著名人物，她设计过一些非常优秀的藏书票作品。她为维奥莱·霍尔登（Violet Holden）女士设计的藏书票上是一位坐在扶手椅上读书的女孩，下面的丝带上写着一句“时刻努力”的格言，很好地表达了主人的情操（见第232页）。珍妮·科恩（Jennie Cohen）女士的藏书票上是两位读书的女孩，明显可以看出西莉亚·莱维图斯的设计风格，上面标注的年份是1894年（见第233页）。西莉亚·莱维图斯为弗洛伦斯·莱维图斯（Florence Levetus）女士设计的藏书票可以说是优雅设计风格的典型代表，画面中的人物和鲜花都散发着一种天真、毫不矫揉造作的气息（见第234页）。蒂尔默（Dearmer）夫人的艺术风格深受现代装饰学派的影响，她设计过许多令人难忘的海报，赢得了广泛的赞誉（见第235、236页）。

维奥莱·霍尔登女士的藏书票，西莉亚·莱维图斯设计

珍妮·科恩女士的藏书票，西莉亚·莱维图斯设计

弗洛伦斯·莱维图斯女士的藏书票，西莉亚·莱维图斯设计

福塞特（Fawcett）夫人的藏书票，

梅布尔·蒂尔默（Mabel Dearmer）设计

玛丽昂・亚历山大（Marion Alexander）女士的藏书票，

梅布尔・蒂尔默设计

她也有不少优秀的藏书票作品，为埃达·汉密尔顿·韦尔斯利（Ada Hamilton Wellesley）设计的藏书票是她的代表作之一。这张藏书票的风格简洁干净，但很见功力，描绘的是海边日落的景象，太阳正在西沉，鸟儿在天空中飞过，前景是一些贝壳，两只蚱蜢中间写着一句格言："繁星的光芒洒落我身。"蒂尔默夫人为理查德·勒·加利纳（Richard Le Gallienne）设计的藏书票也匠心独具，她选择伦敦传统的双轮双座马车作为主题，很好地隐喻了这位著名诗人广为传唱的诗歌代表作《伦敦民谣》（*A Ballad of London*）。

爱丽丝·B.伍德沃德（Alice B. Woodward）小姐是一位很有才华的年轻画家，在圣诞卡和其他一些装饰品上有过许多令人喜爱的创新设计，著名的杂志《画室》（*The Studio*）和其他图画期刊都经常转载她的作品，但是她只留下了一张女士藏书票作品。这张为A. M. 格尼（A. M. Gurney）女士设计的藏书票流露出一种特殊的力量，还有一种非常神秘甚至有些让人害怕的气氛，而这正是爱丽丝·B.伍德沃德最突出的艺术风格（见第238页）。

A. M. 格尼女士的藏书票，爱丽丝 · B. 伍德沃德设计

玛丽昂·里德（Marion Reid）小姐是一位笔法精细的画家，她创作了许多非常漂亮的藏书票作品，曾在《画室》杂志举办的藏书票创作大赛中赢得过一等奖（见第240页）。她为艾莉森·约翰斯通（Alison Johnstone）女士设计的藏书票特别漂亮，画面上是一位美丽的女子趴在湖边的草地上，手托香腮，正在看着水中自己的倒影，草地和水面的描绘十分精细，令人叹为观止（见第241页）。亚历珊德拉·格雷斯·怀特（Alexandra Grace White）女士的藏书票上的草地、树叶和天使翅膀也呈现出这种精雕细琢的艺术手法，茱莉亚·卡梅隆·里德（Julia Cameron Reid）女士的藏书票上人物的服饰和背景花纹同样如此（见第242、243页）。

不少非专业人士和业余爱好者也创作过许多值得称赞的藏书票作品，玛格丽特·奥德（Margaret L. Orde）小姐就是一位成功的业余爱好者，她设计过一些相当不错的藏书票，主要是纹章藏书票，手法娴熟，颇具艺术功底，风格大胆而有力。她为玛利亚·弗朗西斯·奥德（Maria Frances Orde）女士设计

弗洛伦斯·伍兰（Florence Woollan）女士的藏书票，

玛丽昂·里德设计

艾莉森·约翰斯通女士的藏书票，玛丽昂·里德设计

亚历珊德拉·格雷斯·怀特女士的藏书票，玛丽昂·里德设计

茱莉亚·卡梅隆·里德女士的藏书票，玛丽昂·里德设计

的藏书票描绘了一幅令人难忘的景色，花园里的树下放着一个菱形纹章，上面是三条鱼的图案，旁边的图书、曼陀铃和马鞭说明了主人的品位和爱好（见第245页）。埃内斯蒂娜·鲍恩（Ernestina Bowen）女士的藏书票上没有纹章，上面是两个小天使和一个盆栽，周围的边框里写着主人的名字（见第246页）。贝蒂的藏书票精致而可爱，描绘的是两个小天使在丝带蝴蝶结悬挂着的秋千椅上看书，脸上的笑容活灵活现。整个画面被囊括在一个心形的边框内（见第247页）。菲茨哈丁（Fitzhardinge）女士的藏书票明显可以看出詹姆斯一世时期风格，椭圆形边框内写着菲茨哈丁名字的缩写“G. F”，两边各有一个小天使，一个拿着书，另一个拿着调色板；边框上面还有一个小天使，蒙着双眼，手里拿着命运天平；画面最下面标注了“1895年”的字样（见第248页）。F. 伊莎贝尔·奥德（F. Isabel Orde）使用的是奥德家族的藏书票，这张藏书票创作于1886年，描绘的是一个古老的宅邸大门，半开着的大门的门闩上是奥德家族的纹章，这是整个画面的核心部分，门上的铁栅栏

玛利亚·弗朗西斯·奥德女士的藏书票，玛格丽特·奥德设计

埃内斯蒂娜·鲍恩女士的藏书票，玛格丽特·奥德设计

贝蒂小姐的藏书票，玛格丽特·奥德设计

菲茨哈丁女士的藏书票

可以看出F. 伊莎贝尔·奥德名字的缩写“F. I. O”。亨利·格罗夫纳女士是一位业余画家，她为自己的女儿设计过两张儿童藏书票：一张上面是一些图书和一只可爱的老鼠，还有一句格言：“忠诚而真实。”边框上是女儿的名字。另一张上面是精美的装饰图案，也写着一句话：“对孩子来说，善良可爱比聪明更重要。”两张藏书票上都写着亨利·格罗夫纳名字的缩写“H. G”和“1894年”。托马斯·格罗夫纳夫人在1892年为自己设计过一张藏书票，这张藏书票描述了这位女士钟爱的职业——图书装帧。画面上是印刷机和装帧工具，上面站着一只猫头鹰，方形边框上写着一句格言：“装帧好书无止境。”她设计的这张藏书票是由著名艺术家哈里·索恩先生雕刻而成的。梅奥（Mayo）女士是一位藏书票方面杰出的业余爱好者，不过她主要的成就在于修复和改造旧藏书票，许多珍贵的纹章藏书票和装饰藏书票都是在她的努力下得以保存的，相对来说，她的原创设计不多。她以一张詹姆斯一世时期风格的旧藏书票为蓝本，为丈夫设计了一张特别漂亮的藏书票。她为自己设计的藏书票则明显可以看出传统的花环和丝带装饰风格，精确细致的笔法和颇具力度的一丝不苟是那个时期藏书票风格的典型特征。她创作的风景画藏书票也带有明显的18世纪那种令人愉快的渲染效果。她还有一张为小孩子设计的儿童藏书票也颇具古典风格，一个长着翅膀的小精灵在丝带和鲜花中玩耍，神情和姿态都非常自然。

贝尔塔·巴格（Bertha Bagge）小姐是一位著名的德国女画家，她留下了四张精美的藏书票作品。其中两张是女士藏书票，分别是1894年为R. 利文斯顿（R. Livingstone）小姐设计的藏书票和为自己设计的藏书票。贝尔塔·巴格为自己设计的这张藏书票完美地展现了她的艺术风格，画面的远景是法兰克福的地标建筑埃申塔默塔楼，前景是图书、画笔和调色板，植物装饰部分十分精致，也很协调，下面带有纹饰的卷轴上写着“贝尔塔·巴格藏书”的字样（见第251页）。

还有许多德国当代女艺术家都在藏书票方面有过出色的成绩，包括埃玛·贝克汉姆（Emma Berkham）

贝尔塔·巴格小姐为自己设计的藏书票

小姐、C. 冯·比德尔曼（C. von Biedermann）夫人、奥尔加·施拉姆（Olga Schramm）夫人、卡廷卡·奥克斯–施伦克尔（Kathinka Ochs–Schlenker）夫人、黑德维希·科尔廷（Hedwig Koerting）小姐、恩格尔·赖默斯（Engel Reimers）夫人、安娜·克斯勒（Anna Kessler）小姐、冯·博梅尔–登茨（von Pommell–Dentz）夫人、琳娜·布格尔（Lina Burger）小姐等。琳娜·布格尔小姐曾为铁血宰相俾斯麦设计过藏书票，这是一张非常精美的纹章藏书票，三叶草和橡树的装饰对应着俾斯麦家族盾徽上的元素，整体十分和谐。

第七章　女士藏书票上的格言

有一本17世纪的法国古籍对格言做出过这样的定义："这是一个简单的句子，通常有某人的落款，有时候会与战场上的呐喊混淆。"这当然是指家族格言。尽管不少女士藏书票上都有这样的格言，但一些纹章学学者认为许多家族格言作为女性纹章的一部分并不是很合适。关注藏书票上家族格言的主要是纹章学家和古玩家，而一般的藏书票爱好者可能更喜欢18世纪的藏书票上更常见也更有趣的宗教格言和押韵的打油诗格言。一个精心挑选而且恰如其分的格言几乎是现在的藏书者不可或缺的东西，他们都会在藏书票上写上自己最欣赏的格言，然而过去的女性藏书者在选择藏书票上的格言时似乎没有显示出多少独创性和匠心独具的构思，这实在令人遗憾。或许当时地位很高的贵妇人难以屈尊纡贵去写一些幽默的押韵格言或双关语，这与她的尊严不符，因为那时候的藏书票是一件很严肃的事情。当我们看到类似“戈登公爵夫人亨利埃塔的纹章”“南安普顿公爵夫人安”和“E. B. 科顿女士藏书”这样的简短语句时，肯定会感到那种旧式贵族的不苟言笑和庄严。

借书人天生就是藏书人的噩梦。塔布里勋爵曾这样说道：“除了借伞之外，没有任何一件私人财产能像借书一样在几乎毫无道德压力的情况下被他人占有。”针对借书人的格言十分常见，我们在许多藏书票上都可以看到很有趣的例子。桃乐茜·内维尔（Dorothy Nevill）女士为了保护自己的藏书，在藏书票上直接写下了“从桃乐茜·内维尔那里偷来的”这种令人忍俊不禁的字样，还有一本18世纪的德国图书，主人在藏书票上也写着同样的句子。《圣咏集》（*Book of Psalms*）上写着这样一句话：“有借无还，恶人所为。”这是一种常见的对借书人的抱怨。荷兰一个古老贵族家族的后裔玛丽·希梅尔彭尼克（Mary Schimmelpenninck）是一位女作家，她的藏书票就写着类似的话，埃米莉·科德韦尔（Emily Coldwell）的藏书票上也是如此。“守信是品德高尚的证明”也是藏书票上很常见的文字，这是对借书人相对友好的一种暗示，希望借书人能有借有还，一个印有科尔特家族纹章的齐彭代尔风格的藏书票上就有这句话。下面这几句人们耳熟能详的小诗常常出现在男士和女士藏书票上：

> 若有朋友借你书，此人必是慷慨人。
> 借书不可再转借，谨记归还原主人。
> 传授知识本无伤，赠人玫瑰手余香。
> 借书却非开心事，多借总有不还者。

有时候藏书票主人还会在这些小诗后面再加上一些建议，如：“慢慢阅读，认真阅读，不必求快，保持书本整洁，按时归还，切勿折角！”安·达根（Ann Duggan）、哈丽雅特·法兰斯（Harriet Farrance）以及其他一些人的藏书票上都写着这样的话，伊丽莎白·昂斯沃斯（Elizabeth Unsworth）的一张年份很早的美国藏书票上也有这句话。还有一些常见的劝告，如“请将这本书归还给埃伦·德威斯（Ellen Devis）”，不少藏书者会写上这种温和的请求。

许多藏书票和图书装帧上都可以看到“给他和他的朋友”这句话，格里高利（Gregory）女士的藏书票上就有，但她用古体意大利字母书写的名字缩写展现出一种很强的自我主义，很少有藏书票会给人这种感觉。莉娜·米尔曼（Lena Milman）女士是一位特别慷慨热情的藏书者，她的藏书票上是伦敦塔周围的景色，还有一段丝带，上面写着这样一段话：“莉娜·米尔曼藏书——来我的图书馆借你喜欢的书吧，借哪一本都行，书能让你忘记烦恼和忧愁。”这样真诚的邀请在借书这件事上实属罕见（见第257页）。

有一张纹章藏书票上写着“艾丽莎·安娜·马克沃斯（Elisae Annae Mackworth）的图书馆”，使用“图书馆”这个词多少有些炫耀之意，英国人的藏书票很少会这样写，通常都会写“某某人的藏书”或“某某人的藏书之一”。

早期的一些藏书票上只写着几句虔诚的祷告或老生常谈的宗教格言，几乎没有提及书和书的主人。

莉娜·米尔曼女士的藏书票

1608年伊丽莎白·品达的藏书票上就只写着一句“上帝的旨意即吾辈之传承”。简·布兰德（Jane Brand）的藏书票说明她很喜欢诗歌，上面写着：

纯粹的幸福时光任你享受，
爱和友谊在你的笑容中长留。

这种充满溢美之词的诗句堪比圣诞卡上的祝词。伊丽莎白·皮尔森（Elizabeth Pierson）1754年的藏书票上也有这句诗，她还加上了后面一句诗“我主博爱众生灵”，还写了一句自己的评论：“这是我主对我辈的怜悯和慈悲。”伊丽莎白·比苏尔（Elizabeth Bissurer）的藏书上几乎都写着这几句赞美诗：

你是我的海洋，
你是我的信仰，
我心中的激情全在你身上，
你给予的欢乐和自由无穷无尽，
欢欣鼓舞的力量传遍四方。

我的灵魂渴望与你相见，
人生就该追求高尚愿景，
犹如江河奋不顾身奔流入海，
在你的怀抱中才能达到忘我之境。

人们总是把书比作朋友。玛丽昂 · L. 利夫人的藏书票上用拉丁语写着这样一句格言：“书是永远不会欺骗你的朋友。”罗达 · 布劳顿的藏书票上用英语写着同样一句话。米妮 · 沃斯伯勒（Minnie Vosburgh）有一张藏书票，堪称美国纹章藏书票的代表作之一，上面清楚地讲述了她在书中发现的真正友谊：“喜欢一本好书就等于得到了一位永远不会失去的挚友、一位头脑睿智的顾问、一位令人愉快的伴侣和一位温暖人心的安慰者。”沃灵顿 · 霍格（Warrington Hogg）为阿格尼丝 · J. 鲁德（Agnes J. Rudd）设计过一张令人印象深刻的藏书票，上面写着一句英国诗人威廉 · 华兹华斯的名句：“书卷做伴永相亲。”画面中的调色板上写着阿格尼丝 · J. 鲁德名字的缩写，上面是在空中自由飞翔的小鸟，前景中的颜料盒和画笔表明了主人对绘画的热爱（见第261页）。沃灵顿·霍格是一位才华横溢的年轻艺术家，创作过几张非常出色的藏书票，然而不幸的是天不假年，他已经英年早逝了。

迈茜·罗宾逊（Mysie Robinson）的藏书票很漂亮，上面画的是一位女士拿着曼陀铃坐在窗边，还写着一句格言："读书是思考，读书也是休闲。"霍斯金斯（Hoskyns）夫人的藏书票上写着"越读书，越想读书"这句格言。舍伯恩为杰拉尔德·利（Gerard Leigh）夫人设计过一张精美的藏书票，上面画着书籍和中国的瓷瓶，还写着一句格言："读书读至会心处，便是人生一快事。"这是杰弗里·乔叟（Geoffrey Chaucer）的一句诗。

埃塞尔·塞琳娜·克鲁罗（Ethel Selina Clulow）女士的藏书票非常有特点，画面中间是一盏象征知识和智慧的灯，发着耀眼光芒，旁边是一堆图书和插着羽毛笔的墨水瓶，其整个上半部分都是知识结出的丰硕果实，上面有一段很长的丝带巧妙地组成了埃塞尔·塞琳娜·克鲁罗名字的缩写"E. S. C"，

阿格尼丝·J.鲁德的藏书票，沃灵顿·霍格设计

位于画面左上角的卷轴尾端上写着一句格言：“天地六合尽在书中。”这张藏书票的时间是1894年（见第263页）。

阿德拉·H. 科德林顿（Adela H. Codrington）女士的藏书票特别精美，画面前景是一堆图书和两个拉着卷轴的小天使，卷轴上是阿德拉·H. 科德林顿夫人的名字，画面中间是一个齐彭代尔风格的文字框，里面写着拜伦的一句诗：“凤阁龙楼何处寻，几片残瓦旧冢堆。”这张藏书票的底部是签名和年份：“K. M. 斯基平（K. M. Skeaping），1894年”（见第264页）。玛丽昂·里德为比阿特丽斯·莫雷尔（Beatrice Morrell）女士设计过一张很漂亮的藏书票，前景是一些图书、调色板和画笔，还有一个精美的黑色小骑士雕像，他的手搭在一个盾牌上，画面正中是一位手拿书本和鲜花的女子，神情和姿态都非常优雅，身边围着一圈三色堇，中间写着一句格言：“真知焚书岂可尽，谬论铭鼎亦枉然。”（见第265页）

女士藏书票上经常会有一些诗句格言，我们可以

埃塞尔·塞琳娜·克鲁罗女士的藏书票

阿德拉 · H. 科德林顿女士的藏书票，K. M. 斯基平设计

比阿特丽斯·莫雷尔女士的藏书票，玛丽昂·里德设计

从中了解到当时人们的风雅。桃乐茜·富尔曼（Dorothy Furman）的藏书票有这样一首诗，这首诗也出现在一枚嘉德勋章上：

一隅荫凉一卷书，窗前廊下总相宜。

绿叶枝头风飒飒，又是浮生半日闲。

先贤遗训常相伴，我辈风流亦足夸。

佳篇美赋一览尽，个中滋味胜千金。

还有一张女士藏书票上写着M.奥本海姆（M. Oppenheim）的一首诗，初读时或许有点晦涩难懂，但细读起来却颇有深意：

书卷与石碑，终归成土灰。

有形之万物，焉能永长存。

蠹虫食纸尽，不可灭真知。

唯有精气神，历久亦常新。

玛丽·约瑟夫·魏格尔（Marie Joseph Weigel）

的藏书票不同寻常，这是一张很少见的德国女士藏书票，上面印着一首炽热如火的法国情诗：

我最亲爱的爱人，
我渴望取悦你的欢心，
你的真情，你的温柔，
是我无法抗拒的魔咒。
我们一起相爱，一起读书，
这都是我的热爱。
如果我们要分离，
我将失去所有。
要是我迷路了，
请将我带回我爱人那里，
只要我还能走路，
我就要回到她身边。
移情别恋？
绝不！
我要让她的名字，
成为我今生今世心中的唯一！

伯明翰学派艺术家维奥莱·M.霍尔登（Violet M. Holden）为伊迪丝·古德曼（Edith Goodman）女士设计过一张藏书票，上面的格言也是一句古诗：“心中何所有，真理最崇高。”（见第269页）西莉亚·莱维图斯小姐也是伯明翰学派的著名艺术家，她为伯明翰学派灵魂人物爱德华·泰勒（Edward Taylor）先生的女儿内莉·H.泰勒（Nelly H. Taylor）设计过一张藏书票，上面写着一句诗：“缺乏知识的爱是盲目的，缺乏爱的知识亦是徒劳。”（见第270页）

伊迪丝·古德曼女士的藏书票，维奥莱·M.霍尔登设计

内莉 · H. 泰勒小姐的藏书票，西莉亚 · 莱维图斯设计

第八章　外国女士藏书票

由于某些原因，女士藏书票在欧洲大陆似乎从来都没有像在英格兰那样受欢迎。欧洲大陆最早的女士藏书票应该出现在德国，这张罕见的纹章藏书票年份久远，特别值得关注，上面写着一个名字“埃根贝格尔”（Eggenberger），这个名字通常用于德国女性，因此这张藏书票很可能就是欧洲大陆最早的女士藏书票。这张藏书票上的纹章具有非常典型的日耳曼风格，中间是一个纵横分成四部分的盾徽，第一部分是红色，上面画着一个半身人像并写着“格森布罗特”（Gossenbrott）这个名字；第二和第三部分是银色，上面有三只头戴皇冠的黑色老鹰，还有“埃根贝格尔”这个名字；第四部分是天蓝色，上面写着一个类似T的银色字母，可能是某个家族的族徽。这些彩色部分应该都是手绘，因为在15世纪，纹章通常都是先用黑白印刷，然后再由绘画师手工上色。这张藏书票上还有一段用中世纪拉丁语写的铭文，清楚地记载了当时的情况：

> 迈宁根附近巴克谢姆的哲学书籍包括所罗门的箴言和红衣主教的著作，由霍亨弗里贝格的贵族格森布罗特的遗孀弗莱森的女贵族拉蒂贡达·埃根贝格尔捐赠。为她和我所期待的人祈祷。

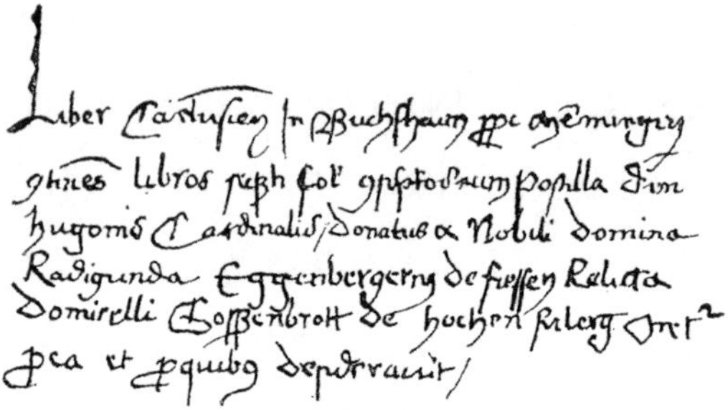
Liber Cartusien in Buchsheim ppe Memingen
9tines libros ... Sim
hugonis Cardinalis/ Donatus a Nobili domina
Radigunda Eggenbergerin de fuessen Relicta
domicelli Gossenbrott de hochen friberg Ora
pro ea et quibus deputravit/

埃根贝格尔的藏书票上的文字

德国容克贵族格森布罗特·冯·霍亨弗里贝格（Gossenbrott von Hochenfriberg）的遗孀埃根贝格

尔·冯·弗雷森（Eggenberger von Fressen）将一些藏书捐赠给了迈宁根附近的一所加尔都西会修道院。这张藏书票应该可以追溯到15世纪末至16世纪初，根据当时的风俗习惯，这张藏书票最先可能是格森布罗特·冯·霍亨弗里贝格的藏书票，埃根贝格尔·冯·弗莱森在他死后才开始使用，不过上面没有头盔，所以更有可能是一张女士藏书票，也就是埃根贝格尔·冯·弗莱森的专属藏书票。

注明日期的藏书票在英格兰很常见，但在欧洲大陆却是凤毛麟角。据说存在一张注明1588年的德国藏书票，属于一位名叫克里斯蒂安娜·亚琛布伦纳·穆斯库鲁斯（Christiana Ascherbrenner Musculus）的女士，但我们已经看不到这张藏书票了，也找不到关于这位女士以及这张藏书票背景的任何信息。注明1597年的安娜·范德·阿（Anna vander Aa）女士的藏书票应该是现存最早的注明日期的德国女士藏书票。这张藏书票明显具有文艺复兴时期的艺术风格，上面可以看到飞龙、熊、水果、鲜花等图案，姓名使用的是活字印刷，日期是用古罗马数字表示的，“97”表示为“100–3”。范德·阿家族是一个古老的荷兰家族，在14世纪从安特卫普迁居至代尔夫特之后开始变得显赫。这个家族的一个分支在莱顿定居下来，从事印刷和雕版行业长达两个多世纪，17世纪图书的扉页上经常可以看到“范德·阿”这个姓氏。安娜·范德·阿不是这个家族的子女就是嫁到了这个家族，她的藏书票也可以代表这个家族的艺术设计风格，应该是为了庆祝某个特殊的时刻制作的一张扉页藏书票。荷兰是一个商业和文化都很发达的国家，商业名片、书名页、印刷厂和装订师的专属标志等各种可以代表身份而且兼具艺术装饰性的东西比比皆是，然而藏书票在荷兰从未真正流行过，对于一个如此重视财产权、强调艺术美感的国家来说，这实在令人费解。

我们可以看到的17世纪注明年份的女士藏书票也少之又少。安娜·古斯塔斯·多特（Anna Gustas Dotter）的藏书票上注明了1688年，这是一张风格古朴的瑞典藏书票，汉密尔顿先生在他的《注明日期的藏书票》（*Dated Plates*）一书中专门介绍过。一位藏书家收藏了一本17世纪的荷兰数学书，这本印刷于1659年的古书记载了当时的人制作望远镜的工艺，书中还有一张名片藏书票，上面写着一个名字——“彼得内利亚·威宁克斯”（Pieternella Winninx），印刷字体很大，是普通字体，应该与这本书印刷于同一年。

玛格丽塔·冯·达塞尔（Margareta von Dassel）的藏书票上面注明了日期是“1769年12月24日”，这是一张精美的纹章藏书票，画面中包括盾牌、徽章、头盔和一些难以辨认的字母，外围是一圈传统风格的椭圆形花环边框。冯·瓦滕斯莱本（Gräjin von Wartensleben）伯爵夫人有一张年份久远的藏书票，这是一张1784年的德国藏书票。

萨克森-哥达公爵夫人路易丝·多萝西娅（Luise Dorothea）的藏书票具有鲜明的詹姆斯一世时期风格（见第276页），这张藏书票背后还有一段18世纪的动人故事。路易丝·多萝西娅生于1710年，她的父亲是萨克森-迈宁根公爵恩斯特·路德维希（Ernst Ludwig）。她在19岁时嫁给了第三代萨克森-哥达公

萨克森–哥达公爵夫人路易丝·多萝西娅的藏书票

爵，但她一生都对普鲁士国王腓特烈大帝充满钦佩和仰慕之情，所有的藏书上都写着“国王陛下腓特烈大帝万岁”，腓特烈大帝有几封亲笔信就是写给她的，她对国王的忠诚和深情堪称一段佳话。

奥克塔夫·于扎纳（Octave Uzanne）说他认为女人和书之间不会有什么深刻的共鸣，但是这种观点显然失之偏颇，女士藏书票上的证据很清楚地表明爱书不分男女。在现代，法国女性似乎没有很快地接受藏书票这种风尚，但我们却可以从18世纪的大量例子中看出女士藏书票在当时的法国非常流行。舒瓦瑟尔伯爵夫人拉布里夫的玛格丽特·热纳维耶芙（Margueritte Genevieve）有一张十分精美的藏书票，尽管法国藏书票的各种风格不那么容易定义和归类，但这张藏书票可以很好地证明欧洲大陆也一度流行过詹姆斯一世时期风格的藏书票。在这张藏书票上，伯爵夫人的名字写在下方的一个花边文字框里，画面中间是两个椭圆形盾徽，应该分别属于她和她的丈夫舒瓦瑟尔伯爵，两边各有一位手持武器的人扶着盾徽，上面是一个很大的冠冕（见第278页）。

玛格丽特·热纳维耶芙的藏书票

霍华德里斯的沙泰尔（Chastel）伯爵夫人有一张非常漂亮的纹章藏书票，画面中间是两个依附在一起的盾徽，上面是一顶冠冕，还有一句家族格言：“肩负荣誉和信仰。”伯爵夫人的这张藏书票还有另一个版本，上面没有铭文，一个瓮形的边框囊括着两个盾徽，周围的装饰是传统的绳结，这也是一张非常典型的法国藏书票。

莱兴菲尔德（Lerchenfeld）男爵夫人的藏书票呈现出一种厚重的纪念碑风格，这种风格在路易十四时期的法国非常流行。画面中间是两个依附在一起的盾徽，上面是一顶冠冕，下方的男爵夫人的名字就像是刻在石碑上的碑文，整体构图就像是一座纪念碑（见第280页）。L. E. 格内特·德卢耶（L. E. Guenet Delouye）夫人的藏书票是路易十五时期的典型风格，整体看起来更轻快，也更精致。中间是一个菱形盾徽，上面有一顶冠冕，旁边装饰着蔓藤和绳结，下方的花边文字框里写着票主人的名字，最上面的丝带上写着一句格言：“正义与和平。”（见第281页）关于这张藏书票上不同寻常的盾徽，埃利斯先生认为

莱兴菲尔德男爵夫人的藏书票

L. E. 格内特·德卢耶夫人的藏书票

L. E. 格内特·德卢耶夫人结过两次婚，因此盾徽上画着代表两任丈夫家族的纹章图案。其中较大的盾徽属于她的第二任丈夫M. 格内特（M. Guenet），她自己的盾徽则和第一任丈夫的盾徽连在一起，因为她继承了第一任丈夫的财产。贝里公爵夫人的藏书票非常精致，画面中间是两个依附在一起的盾徽，上面是一顶冠冕，旁边是传统的百合花藤和绳结，下面的空白处写着“贝里藏书”，没有文字框或花边装饰，这种直接将名字写在空白处的设计很有些与众不同，但也有人认为这张藏书票本身没有这些字样（见第283页）。

还有三张藏书票我们不应该错过，因为它们与圣女贞德有关。圣女贞德是有史以来最伟大的女性之一，她的事迹令人景仰。尽管圣女贞德似乎与图书和文学没什么关联，但我们有幸找到了三张带有她的纹章的藏书票。圣女贞德的纹章据说是查理八世亲自设计的，整个图案是天蓝色，画着一柄长剑和两朵白花，上面是一个花冠，还有一句她的家族格言：“吾之坚强乃上帝之旨意。”我们今天看到的这三张藏书票都收藏在圣女贞德的三哥皮埃尔的后人手中，皮埃尔

贝里公爵夫人的藏书票

曾被册封为百合骑士和埃尔-伯夫领主。蒙斯·A.伯努瓦（Mons A. Benoit）曾专门写过一本小册子——《带有圣女贞德纹章的古代藏书票》（*Les Exlibris Anciens aux Armes de Jeanne d'Arc*），书中对这三张藏书票及其背后的故事有过详细的描述。第一张藏书票没有写明主人的名字，不过可以看出是一张德国风格的藏书票。第二张属于沃图的克劳德·弗朗索瓦·帕格尔（Claud Francois Pagel），可以追溯到路易十六时期，是一张非常罕见的藏书票。这个家族曾与圣女贞德的家族联姻，因此这张藏书票上洛可可风格的盾徽上画着这两个家族的纹章，两边各有一个人扶着盾徽。根据蒙斯·A.伯努瓦先生的说法，这两个扶着盾徽的人，一个是查理七世，另一个是圣女贞德，但画面中的两个人物几乎一模一样，我们看不出一个是国王另一个是少女。盾徽上还有代表侯爵爵位的冠冕和一个丝带，卷轴状的丝带上写着圣女贞德的家族格言"吾之坚强乃上帝之旨意"，背景是一幅风景画，可以看到远处的城堡和树木。第三张属于继承百合骑士爵位的哈尔达特的尼古拉斯·弗朗索瓦·亚

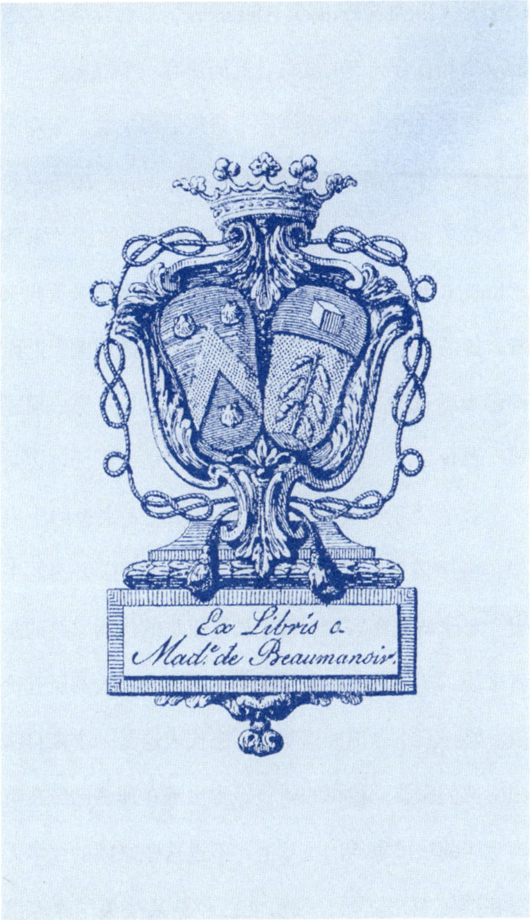

博马努瓦（Beaumanoir）夫人的藏书票

历山大（Nicolas Francois Alexandre），画着圣女贞德的纹章和百合骑士的纹章，上面还有一个冠冕。

许多18世纪末的法国藏书票都值得关注。卡森先生收藏了不少胡格诺派基督徒的藏书票，都是一些珍贵的收藏品。罗兰夫人来自沙勒兰奇的罗兰家族（Roland de Challerange），这是一个胡格诺派贵族家族。她的藏书票中间是两个依附在一起的盾徽，上面都画着沙勒兰奇的罗兰家族的纹章，上方是一顶冠冕，背景是被一群小天使包围的金字塔，画面左边是一个代表公正的天平，右边是一个代表宗教的十字架，金字塔上面还画着两颗心和一顶象征天国的王冠。对于研究在宗教迫害中被迫流亡的法国家族的学者来说，胡格诺派基督徒的藏书票具有很大的研究价值。将一只手做出冲锋状的标志代表这是一个来自法国南部的家族，橡树和树枝经常出现在那些已经在英国定居的法国家族的纹章上，不过这些家族的纹章无法在英国登记注册，很可能已经被某些英国家族继承。罗丽厄（Roullieu）小姐的藏书票说明她应该是一位在宗教迫害中被迫流亡的法国家族成员，这个名字曾出现在英国菲尔茨的圣吉尔斯教区1717年的记录中，但是从藏书票的风格来看应该晚于1717年。这张藏书票非常别致，中间是一个椭圆形的边框，上面是一个藤蔓状的大写字母“R”，这是罗丽厄小姐名字的缩写，周围环绕着用铁链连在一起的爱心和火把，上面是两只小鸟和冠冕，最外面是一个八角宝石形的边框（见第288页）。还有一张藏书票也来自被迫流亡的法国家族，与罗丽厄小姐的藏书票风格迥异，这是德·比泽蒙·普伦内尔（De Bizemont Prunele）伯爵为他的夫人哈洛特的玛丽·凯瑟琳（Marie Catherine）设计的一张藏书票，时间是1781年，描绘的是德·比泽蒙·普伦内尔伯爵站在一片残垣断壁之中，一根折断的柱子上画着他们夫妇二人的纹章。这个法国贵族家族在宗教纷争中流亡英国，德·比泽蒙·普伦内尔伯爵本人在伦敦以绘画谋生。

在法国女士藏书票方面，路易丝·达尔切尔（Luise Le Daulceur）夫人是杰出人物之一，她的设计和雕刻艺术享有盛誉。她创作的藏书票具有强烈的个人艺术风格，阿肯维尔（Arconville）夫人的藏书

FIDELITY
FRIENDSHIP
CONFIDENCE
LOVE
De la Bibliothéque,
De Miß Roullieo.
N° 5.

罗丽厄小姐的藏书票

票就是她的代表作之一。这是一幅典型的古典作品，但画面中又充满了路易丝·达尔切尔夫人那个时代流行的装饰元素，古典中透出时尚，这种完美的结合非大师手笔不能为。在这张藏书票中，手拿长矛和盾牌的雅典娜女神浮在云端，盾牌上写着阿肯维尔夫人的名字，旁边是几卷她最钟爱的书，画面下方是路易丝·达尔切尔夫人的签名（见第290页）。路易丝·达尔切尔夫人自己也有两张藏书票，其中一张是著名艺术家布沙东的作品，另一张应该是她自己的得意之作。当时的许多法国名流都以拥有路易丝·达尔切尔夫人设计的藏书票为荣，包括梅利特（Mellet）伯爵夫人、塔伊（Tailly）夫人、阿勒雷（Alleray）夫人等。还有一张精美的小藏书票可能也是她的作品，但上面没有她的签名。这张藏书票中间是一个菱形纹章，旁边是野蔷薇花丛，还有一句格言："年纪虽轻，但勤奋好学。"玛丽·若热尔（Marie Georgel）的藏书票上元素丰富，一些图书和各种艺术用具堆在一起，最前面是一个斜放的呈菱形的边框，上面是花藤写成的名字缩写，下面

阿肯维尔夫人的藏书票，路易丝·达尔切尔设计

的一条丝带还写着“玛丽·若热尔藏书”（见第292页）。玛丽·科斯塔·德·博勒加尔（Marie Costa de Beauregard）有一张很小的藏书票，简单的菱形徽章和周围的圆形文字边框给人一种特别清新的感觉，展示出主人和设计师极简的风格和品位（见第293页）。

由于红衣主教沃尔西那张未被雕刻的藏书票通常被认为是第一张英国藏书票，因此我们应该注意夏洛蒂·科黛（Charlotte Corday）的手稿藏书票。出身没落贵族家族的夏洛蒂·科黛是法国历史上的一位著名女性，就是她刺杀了法国大革命的风云人物马拉。夏洛蒂·科黛有一张藏书票，上面写着“夏洛蒂·科黛，卡昂圣三修道院，1790年12月20日”。她有几本保存至今的图书，里面都有这张藏书票。夏洛蒂·科黛大约是在1790年秋天来到布雷特维尔（Bretteville）夫人在卡昂的庄园居住，不久之后她开始使用这张藏书票。在庄园的这三年里，她一直享受着宁静的生活，有大量的闲暇时间来阅读、学习和冥想。当时她有不少藏书，后来在前往巴黎刺杀马拉之前都赠给了朋友，只留下她最喜欢的一本普鲁塔克

玛丽·若热尔女士的藏书票

玛丽·科斯塔·德·博勒加尔女士的藏书票

的《希腊罗马名人传》随身带着。在她自己的圈子里，她似乎有另一个名字，即“玛丽·安妮·夏洛蒂”，所以总是被称为玛丽，在她为数不多的保存至今的书信中，她自己的署名也是“玛丽·德·科黛”，但她最终载入史册的名字是“夏洛蒂·科黛”。她是法国著名剧作家皮埃尔·高乃依的第五代孙，从幼年就开始阅读皮埃尔·高乃依的作品。

无论是男士还是女士的藏书票，法国的纹章藏书票上基本上看不到冠饰，只有杜巴丽夫人的藏书票是个例外；但是在德国藏书票的盾徽上，几乎每个部分都有一个冠饰，也就是说将盾牌分成四个部分画上四个纹章，那就有四个冠饰，而且它们往往是一模一样的。对于德国人来说，纹章通常比盾牌更重要，可以没有盾牌，但纹章一定要突出。伊利斯·弗赖恩·柯尼希（Elise Frein Koenig）的现代藏书票也展示了这一特点（见第295页）。冯·米尔巴赫伯爵夫人（Grafin von Mirbach）的藏书票上画着一个拿着头盔和鹿角在空中飞翔的小天使，周围的圆形边框和图案一起组成了独特的纹章（见第296页）。

伊利斯·弗赖恩·柯尼希女士的藏书票

冯·米尔巴赫伯爵夫人的藏书票

威廉明娜·施特尔·冯·霍尔斯泰因（Wilhelmina Stael von Hollstein）有一张奇特的藏书票，这张瑞典藏书票上的图案非常罕见，一个盾徽的周围都是云朵，旁边是一位女士撑着阳伞。罗伊特的乔治男爵夫人的藏书票上有一个令人印象深刻的纹章，很好地诠释了“纹章语言”，这个纹章整体是天蓝色，圣安德鲁十字架图案的背景上画着地球和闪电的图案。内斯（Noes）伯爵夫人的藏书票上描绘的是诺亚方舟漂浮在浩瀚的海面上，远处有一些鸽子在飞翔，这是著名艺术家布文内（Bouvenne）为我们留下的令人赏心悦目的艺术品。卡泰丽娜·多尔菲诺（Caterina Dolfino）的藏书票上的纹章令人印象深刻，优雅的边框里画着三只海豚，上面是同样优雅的一顶冠冕，这是一张风格鲜明大胆的意大利藏书票。在许多外国藏书票上，冠冕都是画成一个一整圈的完整图案（见第298页）。拿破仑最喜欢的妹妹波利娜·波拿巴有一张用于赠书的名片藏书票，她在上面自豪地写着“拿破仑的妹妹，波利娜·波拿巴赠书”，下面是用罗马数字标注的年份1825年（见第299页）。

卡泰丽娜·多尔菲诺女士的藏书票

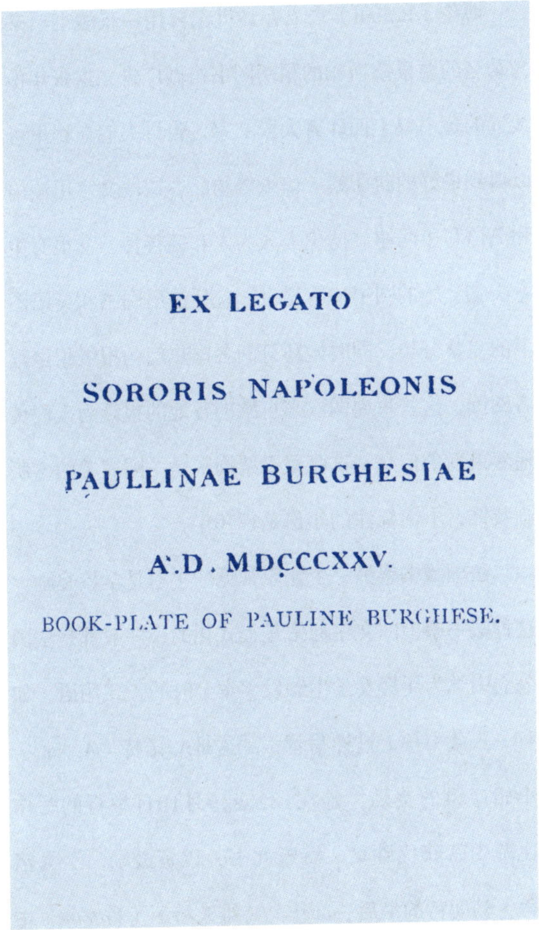
EX LEGATO

SORORIS NAPOLEONIS

PAULLINAE BURGHESIAE

A.D. MDCCCXXV.

BOOK-PLATE OF PAULINE BURGHESE.

波利娜·波拿巴的藏书票

博伦（Bollen）夫人在18世纪曾用一张藏书票来为著名的温泉镇斯帕的租阅图书馆做广告，这张年份久远的藏书票上面印着大段文字，告诉人们在哪里可以得到最好的封印蜡、信纸等物品，这段文字用法语和英语写了两遍。博伦夫人为人和蔼善良，又很有生意头脑，她的图书应有尽有，包括法语图书和英语图书的完整分类，同时她还订阅各国热门的报纸租给读者阅读，这些每周两次来自欧洲各地的报纸为人们传递着最新的信息。这张藏书票周围是一圈简单的木版画装饰，上面标注的年份是1770年。

法国藏书票另一个比较常见的主题是学校奖励。这种藏书票上的文字通常是程式化的，一般都是法国公立中学为年轻女学生颁发奖学金时的正式用语，如有一张藏书票上这样写着：“这是A. 诺特（A. Nott）小姐应得的奖励，她在1823年9月10日举行的写作比赛中荣获优胜奖，特赠此书，以资鼓励。”夏洛蒂·勃朗特的最后一部作品《维莱特》（*Villette*）中就描述过类似的校园场景。

俄国王室成员中有两位女士使用同一张藏书票，

只是代表名字缩写的字母不同，她们是沙皇尼古拉的两个女儿，奥尔加·尼古拉耶芙娜（Olga Nicolaievna）和亚历珊德拉·尼古拉耶芙娜（Alexandra Nicolaievna），奥尔加·尼古拉耶芙娜在1846年嫁给了符腾堡国王卡尔一世。这张藏书票的整体背景是一大片云朵，中间是花藤组成的名字缩写，上面是一顶光芒四射的王冠（见第302页）。我们可以从奥尔加·尼古拉耶芙娜藏书票上的名字缩写上看到对应英语和法语中字母“N”的俄语字母写法。来自古老的匈牙利王室家族艾什泰哈齐家族（Esterhazy）的普赖泽霍索斯基（Prezehorsowsky）伯爵夫人有一张非常精美的藏书票，堪称詹姆斯一世时期风格藏书票的杰作。两个家族的徽章分别画在两个造型别致的边框之内，就像两只依偎在一起的小鸟，上面是一顶冠冕。下面的丝带上写着她的全名“普赖泽霍索斯基伯爵夫人玛利亚·安娜（Maria Anna）”（见第303页）。库兰德的多萝西娅（Dorothea）公爵夫人有一张风格简洁的纹章藏书票，上面是并排在一起的两个盾徽和冠冕，下面的空白处写着“库兰德的多萝西娅公爵夫人藏书”（见第304页）。

符腾堡王后奥尔加·尼古拉耶芙娜的藏书票

普赖泽霍索斯基伯爵夫人的藏书票

库兰德的多萝西娅公爵夫人的藏书票

塔季扬娜·嘉捷琳娜（Tatiana Gagarina）公主是俄国皇后的宫廷女官，她有一张别致的藏书票，上面是她名字的缩写“T. G”，第二个字母的结尾处画着一个纹章。

从19世纪下半叶开始，藏书票在德国可谓盛极一时，无论长幼贵贱，人人都会使用自己的藏书票。德国皇后维多利亚·阿德莱德·玛丽·路易莎（Victoria Adelaide Mary Luisa）的藏书票上是一个少女天使，双手分别扶着一面盾牌，上面三狮图案和老鹰图案的徽章分别代表她的祖国英格兰和夫国德国，少女天使身后发出圣光，头上悬着一顶皇冠（见第306页）。萨克森–魏玛（Sachs–Weimar）大公夫人的纹章藏书票非常珍贵，这是萨克森–魏玛大公夫妇在1892年10月8日举行金婚庆典的纪念品，整体画面是金色和黑色，上面装饰着德国文学巨匠歌德和席勒的肖像。冯·莱宁根–韦斯特堡（von Leiningen- Westerburg）伯爵夫人精心保存着她藏书票的原始铜雕版，这让我们能清楚地了解到当时艺术家们的雕版艺术（见第307页）。塞恩斯海姆（Seinsheim）伯爵夫人有一张

德国皇后维多利亚·阿德莱德·玛丽·路易莎的藏书票

冯·莱宁根-韦斯特堡伯爵夫人的藏书票

漂亮的圆形藏书票，上面画着一位健康美丽的女性，她抬起的右手提着一个四周有树枝装饰的盘子，盘子上写着伯爵夫人的名字（见第309页）。阿尔巴尼（Albany）伯爵夫人的藏书票装饰十分精美，中间是一个菱形边框，上面写着她名字的缩写，周围装饰着玫瑰花环、丝带和鸽子，旁边是一个跪在云朵上的小天使，画面上还有书籍、弓箭和点燃的火把。

在众多德国藏书票设计师中，著名艺术家约瑟夫·萨特勒（Joseph Sattler）享有首屈一指的地位，他创作的许多藏书票佳作举世闻名。他的风格让人联想到中世纪最优秀的作品，但他的艺术表现手法绝对是完全独创的。约瑟夫·萨特勒的作品印刷后的效果更好，他喜欢采用柔和的色调，也会在一些地方使用更鲜艳明亮的色彩，整体艺术效果令人印象深刻。他设计过几张非常出色的女士藏书票。玛蒂尔德·阿贝尔（Mathilde Abel）的藏书票描绘的是一些孩子在学校里的场景，非常传神。罗莎·萨尔捷（Rosa Saltier）的藏书票上是一个长着翅膀的孩子正在读书。黑德维希·沃内克（Hedwig Warnecke）的

塞恩斯海姆伯爵夫人的藏书票

藏书票上是一个人在户外读书的样子。伊尔丝·瓦内克（Ilse Warnecke）的藏书票描绘的是一个图书馆里面的样子，她还有一张德国艺术家奥托·赫普（Otto Hupp）设计的纹章藏书票，其装饰精美的边框和远处的城堡景象令人印象深刻，也是彩色印刷的。

E. 多普勒（E. Döpier）教授也是一位著名的德国藏书票设计师，他为巴霍芬家族（Bachofen）的女士设计过几张藏书票。阿尔贝蒂娜·巴霍芬（Albertine Bachofen）夫人的藏书票上画着一位身穿马克西米利安一世时期服饰的女子，她身边是放在图书上的盾牌，这张精美的藏书票设计于1893年。德国有一本专门研究藏书票的杂志——《藏书票期刊》，这个杂志的创刊号上曾刊登过一篇文章，研究的就是阿尔贝蒂娜·巴霍芬夫人的这张藏书票，文章作者注意到这张藏书票上的名字出现了一个错误，“阿尔贝蒂娜”（Albertine）被印成了“阿道菲娜”（Adolphine），不过这张藏书票后来的副本都纠正了这个错误（见第311页）。

还有一张德国藏书票非常有趣，上面写着“沃

阿尔贝蒂娜·巴霍芬女士的藏书票

尔特鲁德·舒尔特（Waltrud Schulte）的青少年图书”，签名是“爸爸”，这是威斯巴登的舒尔特先生为他12岁的女儿绘制的藏书票，生动地再现了小女孩端坐在书桌前读书的样子，厚厚的图书和桌子上的一个布娃娃相映成趣（见第313页）。舒尔特先生还为奥芬堡圣母院的女修道院设计了一张藏书票，画面中的圣母优雅地站在圣光中，眼中充满了慈爱和感情，十分传神（见第314页）。

一些瑞典藏书票也堪称佳作，古斯塔夫娃·玛格达莱妮·阿内尔（Gustafva Magdalene Arnell）的藏书票就是很好的代表。这张藏书票上画着一位坐在靠椅上读书的女子的侧面像，整个画面呈现出的优雅感觉令人印象深刻；女子身后的书柜上有一个盾徽，上面写着古斯塔夫娃·玛格达莱妮·阿内尔夫人名字的缩写“G. M. A”（见第315页）。这张藏书票的设计师是C. R. 弗兰格尔（C. R. Wrangel），雕版师是M. 赫兰（M. Heland）。沃利·默斯（Wally Moes）的藏书票可以说是现代荷兰艺术的代表作，是达金德伦（Darkinderen）夫人为她设计的一幅杰作。达金德伦

沃尔特鲁德·舒尔特的藏书票

奥芬堡圣母院的女修道院的藏书票

古斯塔夫娃·玛格达莱妮·阿内尔夫人的藏书票

夫人和她的丈夫都是非常著名的画家，在教堂和市政厅都留下了许多精美的装饰艺术作品。沃利·默斯小姐本人也是一位画家，她在拉伦和另一些画家组成了一个小圈子，被称为荷兰的巴比桑画派。这张藏书票画的是一只雄鹿在水边饮水，身后正在升起的太阳射出耀眼的光芒，无论是整体画面令人震撼的表现形式，还是图案下方极具美感的几何图案的名字缩写“W. M”，都透出一股浓浓的现代气息，很好地表现了荷兰现代艺术的风格和手法（见第317页）。

博纳曼（Bomiemains）子爵夫人的藏书票是现代法国藏书票的代表作之一，其画面中间是两个依附在一起的盾牌，两边各有一只狮子，上面是一顶冠冕，整个画面围成一个圆圈，黑色的背景上点缀着迪亚娜·德·普瓦捷风格的装饰手法，这种装饰手法在这位著名的王室情妇的图书装帧中十分常见。博纳曼子爵夫人是法国历史上的一位重要女性人物，据说如果不是因为她对布朗热将军（Boulanger）产生了重要影响，或许巴黎伯爵奥尔良的路易·菲利普·阿尔伯特（Louis Philippe Albert）就能在法国延续王朝统治。

沃利·默斯小姐的藏书票

埃翁（Eon）骑士的藏书票也很有趣，据说这个不同寻常的男人一直认为自己是个女人。这张藏书票上的盾徽外围是一个菱形边框，这是典型的女士藏书票风格，盾牌上挂着十字架样式的装饰，两边各有一个身穿兽皮的人，一个手拿长矛，另一个手拿弯刀，盾牌上面是一个头盔，还有一句格言："爱能征服一切。"这张藏书票现属于一位巴西女士，是为数不多的已知女士肖像藏书票中的一张。

A. 德 · 卡瓦尔坎蒂女士的藏书票

第九章　联名藏书票

一些藏书票上同时写着丈夫和妻子的名字，如何称呼这样的藏书票是个难题，“夫妻藏书票”“联姻藏书票”“家庭藏书票”“共有藏书票”“双人藏书票”等称谓似乎都难以令人满意，最后“联名藏书票”这个比较含蓄的称谓被人们接受，尽管不尽如人意，但仍然是最普遍的叫法。一些收藏者将联名藏书票与男士藏书票放在一起，另一些则将它与女士藏书票归为一类。虽然联名藏书票比较少，只能作为一个很小的藏书票品类，但或许还是单独归类更好一些。还有一点，如果将联名藏书票归为男士藏书票，那显然很难跟上当今公众舆论和社会观念的主流，因为男尊女卑的陈腐思想正在被扫进历史的垃圾堆。

在过去的英国国教婚礼仪式上，妻子将获赠丈夫的全部财产，同时将自己的全部财产赠予丈夫，尽管这只是一种表面形式，但双方的所有财产从此在名义上就是共有的了。从这一点来看，一个家庭的联名藏书票显然既属于丈夫，也属于妻子，图书也是如此。一个家庭既有丈夫原有的藏书，也有妻子从娘家带来的藏书，婚后则全部成了共同财产。当然，相比所有权的问题，我们更应该注意这些联名藏书票的样式和风格。令人遗憾的是，联名藏书票通常都谈不上是佳品，大都缺乏个性，可以说完全没有显示出独创性和艺术性的提高，反而因为双重所有权抹杀了风格上的独特性。大部分联名藏书票上只是一个普通的盾牌，上面印着两个家族的纹章。少数联名藏书票上也会有两个椭圆形盾牌，分别画着两个家族的纹章，盾牌有时候并排在一起，有的时候则是一个依附着另一个，这是有必要的，因为丈夫可能有某种尊贵的徽章和标志不能在盾徽上与妻子分享，反之亦然，妻子也可能因为同样的原因必须单独使用盾牌和盾徽。托马斯·莫林设计过一张现代藏书票，上面写着“赫伯特斯·罗伯逊（Herbertus Robertson）和海伦娜（Helena）的长子亚历克斯（Alex）”，说明这张藏书票的所有权已经延伸到了这对夫妇的儿子身上。这种三方关系使如何处理藏书票上的纹章变成了一个难以解决的困难，托马斯·莫林采取的办法是忽视，因为无论怎样设计盾徽都无法找到合适的方式来表明这种三方关系，尤其是长子的身份。尽管我们经常能在图书上看到“给他和他的朋友们”这样的标签，但任何一本书从本质上来说都是个人财产，不应该被视为家庭财产。一个真正的爱书人，不管他有多么无私，恐怕也不喜欢与别人分享珍贵书籍的所有权，即使对方是自己心爱的伴侣。

我们现在能看到的联名藏书票大都不是年份久远的作品，不过塔布里勋爵曾提到过几张非常古老的联名藏书票。扎哈里亚斯·盖兹科弗勒·冯·盖伦巴赫（Zacharias Geizkofler von Gailenbach）和夫人玛利亚的联名藏书票上注明的年份是1605年，他是神圣罗马帝国皇帝鲁道夫二世的宠臣，担任过掌管帝国金银矿、铸币厂和国库的大司库。还有一张1645年的联名藏书票，上面写着父母和儿子三个人的名字：约翰·威廉·克雷斯（Johann Wilhelm Kress）、他的夫人克拉拉·吉伯恩·维亚蒂森（Clara Geborne Vialissen）和儿子小威廉·克雷斯（Wilhelm Kress）。藏书票往往能揭示出一些关于家族纹章的有趣故事，如玛格丽塔·里耶特林（Margretha Rieterin）的家族纹章是一个头戴王冠的双尾美人鱼，这个图案与丢勒最好的朋友威利巴尔德·皮尔克海默（Willibald Pirckheimer）藏书票上的家族盾徽左侧的图案一模一样，这说明威利巴尔德·皮尔克海默的家族与玛格丽塔·里耶特林的家族一定是姻亲。虽然玛格丽塔·里耶特林和威利巴尔德·皮尔克海默之间确切的亲戚关系不得而知，但是我们知道玛格丽塔·里耶特林夫人是彼得·哈勒尔先生（Peter Haller）的第二任妻子，而彼得·哈勒先生第一次结婚的时间是1387年，根据丢勒生活的年代（1471—1528）推算，玛格丽塔·里耶特林很可能是威利巴尔德·皮尔克海默的祖母或曾祖母的同胞姐妹。

汉密尔顿先生收藏了一张年份久远的联名藏书票，上面写着“约翰内斯·黑勒”（Johannes Heller）和“安娜·格诺林格”（Anna Gnoellinger）这两个名字，标注的是1593年。17世纪的巴伐利亚公爵马克斯·菲尔（Max Phil）有一张联名藏书票，上面写着“M. Ph. D. B”的字样，这个名字缩写写了两遍，代表公爵自己“巴伐利亚公爵马克斯·菲尔”和公爵夫人“巴伐利亚公爵夫人莫里蒂亚·费布隆尼亚（Mauritia Phebronia）”，夫妇二人名字的缩写恰好一样，算是一个浪漫的巧合。汉斯·鲁道夫·冯·埃拉赫（Hans Rudolf von Erlach）和夫人伊迪丝使用一张联名藏书票，这是一张精美的纹章藏书票，画着两个依附在一起的盾牌，上面分别是夫妇二人的家族纹章，精致的边框上装饰着面具和小天使，落款是夫妇二人名字的缩写。有一张1715年的瑞士藏书票也很有趣，上面是两个精美的盾徽，还有两个人名“乌尔苏斯·约瑟夫斯·瓦列尔·德·文德尔斯托夫”（Ursus Josephus Valier de Vendelstorf）和“玛利亚·乔安娜·祖尔马丁·埃格马林”（Maria Johanna Zurmattin Ehegemahlin），这肯定是一张联名藏书票。在英国藏书票中，已知最早的联名藏书票应该是1737年托马斯·佩因（Thomas Paine）先生和夫人安妮·佩因的藏书票，这是一张印刷精美的名片藏书票。卡勒姆家族留下了许多藏书票，其中包括1760年约翰·卡勒姆（John Cullum）爵士和夫人苏珊娜（Susanna）女爵士的联名藏书票，这也是一张印刷精美的名片藏书票，带有漂亮的装饰性边框。还有一张1776年的联名藏书票值得关注，这是一张纹章藏书票，上面是盾徽、冠饰、格言和传统风格的花环装饰，还写着约翰·考尔菲尔德（John Caulfield）和尤菲米娅·戈登（Euphemia Gordon）两个人的名字，约翰·考尔菲尔德应该是一位神父，因为这张联名藏书票最下面写着“基尔莫尔副主教，1776年”的字样。

贝伦斯（Berens）夫妇的联名藏书票是一张典型的齐彭代尔风格的藏书票，中间是一个变形的盾徽，上面画着夫妇二人的家族纹章，周围的植物装饰令人印象深刻。盾徽上没有冠冕，而是一只坐着的熊（见第326页）。威廉·霍普金斯先生和夫人玛丽·霍普金斯（William and Mary Hopkins）的联名藏书票是一幅颇具代表性的作品，整个画面将绘画和纹章完美地

贝伦斯夫妇的联名藏书票

结合在一起，一个小天使扶着一个精致的盾徽，背景是灌木丛、花朵和草地，整体感觉精致而和谐（见第328页）。

19世纪早期的纹章藏书票上经常可以看见拉丁语，一般都是短语，这是当时一种很流行的风尚，表示主人受过良好的教育，具有完备的绅士素养。例如，爱德华·帕滕·杰克逊先生（Edward Patten Jackson）和夫人玛格丽特·安娜（Margaretae Annae）的联名藏书票，夫妇二人的名字都是用拉丁语写的；再如，像查尔斯爵士和夫人福克斯的联名藏书票，上面只写着主人的名字，像名片一样仅仅是冷冰冰地说明所有权。

在近些年比较有趣的作品中，最值得关注的是舍伯恩设计和雕刻的四张联名藏书票。他为沃德（Ward）夫妇设计的藏书票是其中的代表作，画面中是一些图书和一个沙漏，枝叶装饰非常漂亮，上面还有一句乔叟的佳句："读书读至会心处，便是人生一快事。"舍伯恩为吉尔伯特（Gilbert）夫妇设计的藏书票也非常精美，一看就知道是他的风格。他为本

威廉·霍普金斯先生和夫人玛丽·霍普金斯的联名藏书票

杰明先生和夫人埃米·埃尔金（Amy Elkin）设计的藏书票标注的是1892年，上面画着一些图书和鲜花，还有一句用法语写的格言："哦，我亲爱的书。"库尔特先生（Curt）和夫人莉莉·索伯恩海姆（Lilli Sobernheim）的藏书票上画着一个坐在一堆图书中的小男孩，旁边是希腊神话中众神使者赫尔墨斯的半身像和代表知识的明灯，还有一些鲜花，装饰图案的阴影中是一只猫头鹰。

著名画家W. H. 马吉特森先生有一张令人赏心悦目的联名藏书票作品，画着一位站在门廊下的优雅女子，手里拿着一本打开的书，似乎正在吟唱，门廊上有一条丝带，上面写着"音乐"，最下面的卷轴上写着"马里昂·马吉特森和爱德华·马吉特森（Marion and Edward Margetson）藏书"（见第330页）。J. H. 贝克为约翰·斯梅德利（John Smedley）先生和夫人卡洛琳·安妮·斯梅德利（Caroline Anne Smedley）设计的联名藏书票是一张肖像藏书票，用的是夫妇二人的全身照片，这样的藏书票十分少见。斯梅德利夫妇是德比郡有名的大富豪，拥有许多煤

马吉特森夫妇的藏书票，W. H. 马吉特森设计

矿，他们还有另一张联名藏书票，那是一张纹章藏书票，上面是夫妇二人的家族纹章和名字缩写，还有一句格言："真理是伟大的，真理必将战胜一切。"周围是一圈丝带，上面写着："伍德-威克斯沃思，公元1507年。伍德-温斯特，公元1581年。布莱特-斯塔韦林，公元1595年。斯梅德利-威克斯沃思，公元1654年。李奇微-威克斯沃思，公元1670年。"

书堆图案很少出现在女士藏书票上。查尔斯·H.霍奇森先生（Charles H. Hodgson）和夫人路易莎的联名藏书票上画着一摞书，这是一种传统书堆图案的现代变体，一个盾牌靠在书堆上，上面画着霍奇森家族的纹章，但没有路易莎的家族纹章，最上面是一只站在树枝上的猫头鹰，看起来栩栩如生（见第332页）。

卡夫-布朗-卡夫夫妇（Cave-Browne-Cave）有一张十分精美和复杂的联名藏书票，令人叹为观止。其画面上，一个巨大的盾徽被分成72个小方形，画着各种纹章，这是一个古老的英国贵族家族，可以追溯到诺曼征服时代（见第333页）。德·拉·菲尔德伯爵

霍奇森夫妇的联名藏书票

卡夫-布朗-卡夫夫妇的联名藏书票

的妻子是第一代利默里克伯爵（Earl of Limerick）的女儿塞西尔·简·佩里，这对夫妇的联名藏书票也是纹章藏书票中不可多得的精品。画面上是一只威武的双头鹰，张开的双翅和鹰爪表现出强大的力量，头上是一顶冠冕，胸前是一个精美的盾徽，盾徽下面的丝带上写着一句拉丁语格言："十字架便是吾之所瞻。"（见第335页）德·拉·菲尔德伯爵居住在伦敦骑士桥的宅邸，他是英国国王的臣民，但这张藏书票是否应该归类为英国藏书票却存在争议。这是因为德·拉·菲尔德伯爵的爵位不是由英国国王册封的。当初托马斯·阿伦德尔（Thomas Arundell）爵士被神圣罗马帝国皇帝鲁道夫二世册封为伯爵时，人们对关于英国人是否可以接受外国的爵位和头衔这一问题议论纷纷，后来英国女王伊丽莎白正式宣布："任何外国牧羊人都不应该在英国的羊身上打上烙印，没有英国国王的许可和亲手签署的册封书，英国的臣民不得在英国享有外国君主授予的爵位、头衔和特权。"当然，我们关注的是藏书票，无论是英国的还是外国的都不重要。

德·拉·菲尔德伯爵夫妇的联名藏书票

夏特兰骑士埃内斯特（Ernest）和夫人克拉拉的纹章藏书票是一个英国人和外国人的联名藏书票，这张藏书票上画着一个精美的纹章，上面还有一顶冠冕。根据英国邓莫的年鉴记载，夏特兰骑士埃内斯特和他的英国夫人克拉拉在1855年7月19日赢得了邓莫每年赠予当年关系和睦夫妇的腌猪肉，因为他们在婚后的第一年生活十分和睦，从未对自己的选择后悔，经过由六名未婚男子和六名未婚女子组成的评委会的评选后，他们被授予这个奖项。夏特兰骑士埃内斯特和夫人克拉拉的婚后生活十分和谐，一直相亲相爱，联名藏书票也是他们这种完美而珍贵的心灵结合的见证。

詹姆斯·特里加斯基斯和夫人玛丽·特里加斯基斯（James and Mary Tregaskis）的联名藏书票上画的是一间图书馆的内部景象，这是一个古色古香的房间，三个身着古典服饰的人物围坐在一张桌子周围，整体画面具有很强的艺术感染力。威廉·帕金森和夫人弗洛伦斯·帕金森（William and FlorenceParkinson）的联名藏书票是罗伯特·安宁·贝尔的佳作之一，上面是一个女孩在小溪边读书，岸上是正在吹牧笛的牧神法翁（Faun），宁静优雅的画面令人赏心悦目。还有一张美国联名藏书票也很漂亮，来自查尔斯·威廉·伯罗斯和夫人洛蒂·托马斯·莫特·伯罗斯（Charles William Burrows and Lottie Thomas Mott Burrows）。这张藏书票上画着伊甸园里的智慧树，树根长在一本打开的大书上，夏娃正在摘上面的苹果，整体的大块黑色背景呈现出了极强的艺术表现力。这张藏书票上还写着“1895年”和“克利夫兰”的字样（见第338页）。沃灵顿·霍格为贝尔夫妇设计过一张有趣的藏书票，上面有一个大钟和几个小铃铛，大钟上面写着“贝尔夫妇的藏书”，小铃铛上面也有字母，应该是他们孩子名字的缩写，这实在是一个别具匠心的设计，因为“贝尔”这个姓氏的意思就是钟或小铃铛。画面上方是一句古老的荷兰格言：“越过时间和海潮。”画面底部还有一句格言：“洪亮的钟声斥退虚假，洪亮的钟声赞美真实。”（见第339页）劳伦斯·豪斯曼为罗伯特·H.本森和夫人伊夫琳·本森（Robert H. and

伯罗斯夫妇的联名藏书票

贝尔夫妇的联名藏书票

Evelyn Benson）设计的联名藏书票是他早期艺术风格的代表作之一，这张圆形的藏书票手法精细，古典美与现代美相得益彰（见第341页）。最后这三张联名藏书票的年代相当接近现在了，我们可以用这些非常好的例子作为结束。

本森夫妇的联名藏书票

— 精选 —

女士藏书票

阿尔比马尔伯爵（Albemarle）夫人的藏书票

阿尔德伯勒（Aldborough）伯爵夫人的藏书票

爱丽丝·玛利亚·杰克逊（Alice Maria Jackson）女士的藏书票，

T. G. 杰克逊设计

伊丽莎·亚历山大女士的藏书票

布吉特（Budgett）夫人的藏书票，H. S. 马克斯设计

乔安娜·卡梅隆女士的藏书票，D. Y. 卡梅隆设计

凯瑟琳·卡梅隆女士的藏书票

伊莎贝拉·卡尔（Isabella Carr）女士的藏书票

玛利亚·科普（Maria Coape）女士的藏书票

亨利埃塔·科特斯沃斯（Henrietta Cotesworth）女士的藏书票

布兰切（Blamche）女士的藏书票

珍妮·尤尔·麦克劳林（Jeanie Ure Maclaurin）女士的藏书票，

D. Y. 卡梅隆设计

玛丽·蒙克顿（Mary Monckton）女士的藏书票

蒙森（Monson）女士的藏书票

杰西·安·默里（Jessie Ann Murray）女士的藏书票，

乔治·默里（George Murray）设计

凯瑟琳·内维尔（Catherine Nevill）女士的藏书票

弗朗西丝·M. 帕克（Frances M. Parke）女士的藏书票

里士满（Richmond）公爵夫人的藏书票

索菲娅（Sophia）公主的藏书票

弗洛伦斯·斯克里布纳·施陶费尔（Florence Scribner Stauffer）

女士的藏书票

玛莎·斯特里特菲尔德（Martha Streatfeild）女士的藏书票

凯瑟琳·玛利亚·蒂斯德尔（Katherine Maria Tisdall）女士的藏书票

埃莉诺拉·图特（Elinora Tuite）小姐的藏书票

阿梅利亚·丹尼尔·泰森（Amelia Daniel Tyssen）女士的藏书票

沃克小姐的藏书票

伊迪丝·伍德沃德女士的藏书票

玛丽·杜恩女士（Mary Dunn）的藏书票

阿尔贝蒂娜·巴霍芬女士的另一张藏书票

玛丽·德·拉梅列（Mary de Lamerie）女士的藏书票

G. F. 拉尔纳（G. F. Larner）女士的藏书票，

C. 拉尔纳-萨格登（C. Larner-Sugden）设计

一张联名藏书票

简·多布森女士的藏书票

路易莎·阿德莱德·韦（Louisa Adelaide Way）女士的藏书票，

T. R. 韦（T. R. Way）的石版作品

图书在版编目（CIP）数据

女士藏书票 /（英）诺娜·拉布谢尔著；李江艳译. —
北京：商务印书馆，2023
ISBN 978 - 7 - 100 - 22928 - 9

Ⅰ. ①女… Ⅱ. ①诺… ②李… Ⅲ. ①女性 — 书
票 — 史料 Ⅳ. ①G262.2

中国国家版本馆 CIP 数据核字（2023）第167538号

女 士 藏 书 票

〔英〕诺娜·拉布谢尔 著
李江艳 译

商 务 印 书 馆 出 版
（北京王府井大街36号 邮政编码 100710）
商 务 印 书 馆 发 行
山 东 临 沂 新 华 印 刷 物 流
集 团 有 限 责 任 公 司 印 刷
ISBN 978 - 7 - 100 - 22928 - 9

2024年1月第1版　　开本 760×960 1/32
2024年1月第1次印刷　　印张 12¼

定价：89.00元